『学び合い』で始める
カリキュラム・マネジメント

CURRICULUM MANAGEMENT started from ACTIVE LEARNING

NISHIKAWA JUN
西川純 編著

学力向上編

東洋館出版社

はじめに

本書の内容を最初に要約したいと思います。理由は一見、複雑に見えるからです。

本書はカリキュラム・マネジメントについて書かれています。同時に、学校としてカリキュラム・マネジメントに取り組んだことの実践報告でもあります。さらに『学び合い』（二重括弧の学び合い）の実践報告でもあります。三つの側面があります。いったい、どういうことでしょうか。詳しくは後述しますが、カリキュラム・マネジメントとは学校が抱える様々な問題を解決するために、教師集団がチームとして解決することです。それも今まで以上に主体的であり、対話的でなければいけません。つまり、**カリキュラム・マネジメントとは、教師集団の深い学び**なのです。

授業の深い学びの方法が多様であるように、教師集団の深い学びの方法も多様です。しかし、教師集団の深い学びを成功させるには、『学び合い』がベストだと私は思っています（その理由も後ほど本書の中で説明します）。

要は、**「カリキュラム・マネジメント」＝「教師集団の深い学び」＝『学び合い』**なのです。本書は三者の関係を理解することを目的としています。

さて、本書のメインとなる具体的な実践については、青森県八戸市立長者中学校の先生方にお願いしました。

今までも「対話的な学習を通して、荒れていた学校を落ち着かせることができた」という報告は少なくありません。子どもが荒れているのは対教師なのですから、子どもたち同士の協働が多くなれば、相対的に落ち着くのは単純な理屈です。

しかし、**大切なのは落ち着いた後**です。当然、次の目線は学力に向かうことになるのですが、それが難しい。結果として、もとの一斉指導に戻してしまいます。そうなれば、また、荒れてしまう可能性があります。

本質的な解決は、主体的で対話的な学習で学力を上げるにはどうしたらよいかを明らかにすることです。長者中学校の先生方はそれを乗り越えつつあります。そして、本書にはそのことが詳述されています。学級での取り組み、学校としての取り組み、どちらで悩まれている方にとってもお役に立てるかと思います。

では、始めましょう！

『学び合い』で始めるカリキュラム・マネジメント　学力向上編

目次

実践編

第3章 カリキュラム・マネジメントの実現―教職員たちの声― 61

実践編

第４章　学校職員・生徒・保護者が感じたカリキュラム・マネジメント　121

理論編

第1章　カリキュラム・マネジメントとは

何をすればいいのかではなく、何を達成するのか

アクティブ・ラーニングという言葉が、次期学習指導要領の諮問に突然登場しました。学校関係者は、「アクティブ・ラーニング⁇」の状態になり大慌てです。しかし、その圧倒的大多数は「何をすればアクティブ・ラーニングなの？」という方法を求めるものです。そして、「今までの実践の延長上でいいんです」や、果ては「今の実践がアクティブ・ラーニングです」という形骸化も起こっています。

それと同じことが、次期学習指導要領の「論点整理」が発表されたときに起こりました。「論点整理」ではアクティブ・ラーニングを強調していますが、それと同等、いや、それ以上にカリキュラム・マネジメントという言葉も強調されています。単純な比較ですが、「論点整理」の中でアクティブ・ラーニングという言葉は14カ所で使われていますが、カリキュラム・マネジメントは18カ所もあります。

学校関係者は「カリキュラム・マネジメント⁇」の状態になり大慌てです。しかし、その圧倒的大多数は「何をすればカリキュラム・マネジメントなの？」という方法を求めるものです。そして、「今までの取り組みの延長上でいいんです」や、果ては「今の取り組

みがカリキュラム・マネジメントです」という形骸化も起こっています。既に実現しているようなことであれば、わざわざ学習指導要領のキーワードとして掲げる必要性はありません。

カリキュラム・マネジメントとは何かを理解するには、「何をすればいいの？」ではなく、「何を達成するの？」に問いを変えなければなりません。

カリキュラム・マネジメントで達成すべきこと

カリキュラム・マネジメントですべきことは三つです。「カリキュラム・マネジメントの三つの側面」にまとめられます。

ⅰ）各教科等の教育内容を相互の関係で捉え、学校の教育目標を踏まえた教科等横断的な視点で、その目標の達成に必要な教育の内容を組織的に配列していくこと。

ⅱ）教育内容の質の向上に向けて、子供たちの姿や地域の現状等に関する調査や各種データ等に基づき、教育課程を編成し、実施し、評価して改善を図る一連のＰＤＣＡサイクルを確立すること。

iii）教育内容と、教育活動に必要な人的・物的資源等を、地域等の外部の資源も含めて活用しながら効果的に組み合わせること。

カリキュラム・マネジメントは、平成20年版学習指導要領のもととなっている答申である「幼稚園、小学校、中学校、高等学校及び特別支援学校の学習指導要領等の改善について（答申）」（中央教育審議会　平成20年1月）で登場した言葉です。その中ではiiが取り上げられていました。今回は、iとiiiが新しく加わった点です。

さて、お伺いします。先の三つをやっていない教師・学校はありますか。ありえません。学校目標、地域の特性を考えて、教師個人の中で授業改善を行っています。グランドデザイン・コミュニティースクール等の既にあるキーワードから見直せば、既にやっていることばかりです。ＰＤＣＡサイクルのように整理されたものではないですが、「やってみて→どうだったかを考える→直してみる（元に戻る）」というサイクルを回しています。

つまり、「何をやればいいの？」を考えているだけならば、答えは「今のままでいいよ」という結論になってしまいます。だから、「何をやればいいの？」ではなく、「何を達成すればいいの?」に問いを変えなければいけません。

文部科学省の文章は「何をすればいいの?」に対しては多義的ですが、「何を達成すればいいの?」という視点で見直すとその真意がわかります。もちろん多義的ですが、「何をすればいいの?」に比べればはるかに絞れます。達成すべき目的があり、それを実現する方法があるのですから、当然のことです。

深い学びとは何か

カリキュラム・マネジメントで達成すべき三つのことにある「教育内容」とは、「集合」を小学校で教えるか否かのような、今までの学習指導要領の議論に収まりません。今までの学習指導要領では、何を教えるかのみを指定しており、どのように教えるか（子どもの立場から言えば、どのように学ぶか）の指定がありませんでした。

ところが、次期学習指導要領ではどのように教えるか（子どもの立場から言えば、どのように学ぶか）の指定があります。その「どのように教えるか」が深い学びなのです。その基礎がアクティブ・ラーニングです。

アクティブ・ラーニングに関しての説明は、既に別の本に書いたのでここでは簡単に説明します。アクティブ・ラーニングは「話し合い活動を入れる」というような方法を付加するレベルのものではありません。

アクティブ・ラーニングの定義は以下の通りです。

教員による一方向的な講義形式の教育とは異なり、学修者の能動的な学修への参加を取り入れた教授・学習法の総称。学修者が能動的に学修することによって、認知的、倫理的、社会的能力、教養、知識、経験を含めた汎用的能力の育成を図る。発見学習、問題解決学習、体験学習、調査学習等が含まれるが、教室内でのグループ・ディスカッション、ディベート、グループ・ワーク等も有効なアクティブ・ラーニングの方法である。

これも方法に着目すれば「総称」「等」「含まれる」などを拡大解釈すればなんでもアリです。例えば、「話し合い活動を多少加える」もアリになります。しかし、達成すべきものに着目すれば、「認知的、倫理的、社会的能力、教養、知識、経験を含めた汎用的能力の育成」とあります。

一見、美辞麗句に見えるかもしれませんが、今までの教育とは決定的に違います。今までは知、徳、体は別々に教えられました。教科学習で知を、徳は特別活動や道徳、体は体育が担当していました。したがって、教科学習で徳を育てなくてもいいのです。しかし、それではアクティブ・ラーニングではありません。そして深い学びではありません。

そう考えると、今までの教育とは劇的に違うことは明らかです。

この激変を学校は受け止め、実践することが求められています。これを実現するために強調されたのがカリキュラム・マネジメントなのです。

この激変を受け止めることは大変です。それを実現するにはどうしたらいいでしょうか。

教育における不易流行

教育には不易流行という言葉があります。特に教育には、不易（変わらない、変わるべきではない）なところがあります。文部科学省が深い学びと掲げた途端に、日本中の教師が右向け右と変わるわけはありません。また、変わるべきではありません。しかし、社会が変わる中で不易を守るためには、変えるべきものを変えないと不易を守れません。それが不易流行です。

次期学習指導要領の諮問の最初に書かれた社会の変化は美辞麗句ではありません。少子高齢化によって、少なくとも1950年代以降続いた社会の構造が劇的に変化しています。また、人工知能・ロボットの発達によって、社会で生き残るための知識・技能が変わっています。憲法で定められた国民の義務である「勤労」と「納税」をできる大人の姿も変わっています。したがって、教育の最大の不易な部分である「子どもを大人にする」を守るためには変えなければならない部分があります。それがアクティブ・ラーニングです。だから、右向け右で一斉に変わる必要はありませんが、新たなことに試み、実績を上げる教師や学校が必要なのです。

校長のリーダーシップはどう発揮すべきか

エベレット・ロジャーズとジェフリー・ムーアという二人の経営学者によると、我々の中にはイノベーターと呼ばれる新しいものにトライする人が2.5％います。ということは少数ではありますが、アクティブ・ラーニングにトライする教師は必ずいます。しかし、学校として取り組むカリキュラム・マネジメントとなると、話は別です。イノベーター以外の97.5％の人は、すぐには変わりません。

2.5％の教師を種として、学校職員の中に広げるには計画的・長期的な戦略が必要です。

1年くらいかかるでしょうか。それとも、2年？　いえ、もっともっとかかります。ところが、校長の任期は3年もしくは2年の地域が多い。したがって、一人の校長のリーダーシップだけではカリキュラム・マネジメントを築き上げることは不可能です。

カリキュラム・マネジメントを構築するには、教師集団をつくり上げ、それを成長させることが必要です。言い換えれば、教師集団のアクティブ・ラーニングこそがカリキュラム・マネジメントなのです。

自らの考えるアクティブ・ラーニングを教師に求めるのであれば、その学校のアクティブ・ラーニングは2～3年でころころ変わることになります。それでは教師集団は育ちません。もちろん、自らの考えるアクティブ・ラーニングを教師に提案するのは当然です。しかし、それを選択するか、しないかは教師集団のダイナミズムの中で決まるべきです。

しかし、評価はしっかり行い、達成すべきものを達成することを求めます。その集団をマネジメントすることこそが校長のリーダーシップです。一方、教師集団は自らの考えるアクティブ・ラーニングで校長を納得させる結果を出すことが責任です。

カリキュラム・マネジメントを実現できるのが『学び合い』である

カリキュラム・マネジメントを実現する深い学びとは、どのような要件を備えていなければならないでしょうか。

第一に、理論がなければいけません。この単元のこの場面の教え方や教具レベルならば、今までにも多数あります。ところが、深い学びは教育全般にかかわっています。方法の集積ではなく、それを一貫する理論がなければいけません。

第二に、実践実績がなければいけません。理屈では正しいが、実際にやってみるとそうでなかった、では他人の子どもを預かる学校としては無責任です。新たな試みなのですから、百パーセントうまくいったということはないでしょう。それは怪しい雑誌の裏にあるダイエット法の宣伝文句だけのことです。

しかし、その理論に基づいて実践している人が一定数いる必要があります。それも、その理論を提唱している人の頻繁な指導を受けなければ実践できないのでは困ります。したがって、実践している人が日本各地に広がっている深い学びでなければいけません。

第三に、その理論と実践が教科横断的でなければいけません。国語で広く実践されているが他教科で実践されていない深い学びでは、教師集団の深い学びは成立しません。

第四に、関連する書籍等の情報がそろっている必要があります。提唱者もしくは直弟子の口伝を受けないと実践できない深い学びでは、圧倒的大多数の学校では実践できません。関連する書籍等で深い学びを実践できるようでなければいけません。

第五に、例えば教科学習では使えるが道徳や総合学習では使えない、逆に、道徳や総合学習では使えるが教科学習では使えないでは、カリキュラム・マネジメントを実現する深い学びではありません。


さて、以上五つの要件を満たしている深い学びがあるでしょうか。

お叱りを覚悟で申します。少なくとも『学び合い』は、それを満たしています。

長者中学校の実践について

本書で紹介する青森県八戸市立長者中学校をご紹介します。

八戸市の文教地区で学区に長者中学校があります。国民栄誉賞を授与された伊調馨さんの母校で、とても落ち着いた学校です。

この学校の課題は「学力」でした。世の中で協働的な学習が騒がれる以前から協働的な学習にトライしている学校です。それによって改善できる部分もありましたが、学力が伸びないという悩みを抱えていました。

本書の中でも書かれていますが、研究主任の細山美栄子先生が偶然に『学び合い』を知ったことがきっかけでお付き合いが始まりました。この学校の特徴を一番に挙げるならば、二代続いた学校長のリーダーシップです。先述したように、教師集団のマネジメントをするリーダーシップです。

その結果、長期にわたって一貫した方針が成り立ち、教師集団の深い学び（すなわちカリキュラム・マネジメント）が成立しました。それによって課題であった学力の向上が成立しました。

「子どもの学力を保証するには、教師の一斉指導が必要だ」「今の授業で手一杯なのに、深い学びなんてやる余裕はない」という意見は根強いですが、長者中学校の結果は「深い学びこそが学力を保証する」ということを見事に実証するものです。

最初に長者中学校にお邪魔し、先生方と飲んだときのことを思い出します。

「細山さんが、やろうとしているんだから、ま、飲みに行くか」という人が多かったと思います。話してみて、かなり力のある先生が少なくないと感じました。同時に「こりゃ、変わらんな」とも感じました。伊藤有信前校長や細山さんが、なぜ、あれだけ今後の展開に関して楽天的に思えるのか不思議なくらいでした。

次にお邪魔したときの酒席では、「やろうとしている」「やっています」ということがわかるような話になりました。その激変ぶりに目を見張りました。

その次にお邪魔したときは、前回の訪問のときに一番厳しい質問をした人が推進派になっていることに驚きました。

途中、石毛清八校長に交代しました。はじめてお会いしたときは、とにかく柔らかい感じをもちました。教師集団のやっていることをじっくり見守る方だったのでホッとしました。後で知りましたが、民間で修羅場を経験された方でした。

長い、長い、前置きでした。すみません。

では、次章からはいよいよ長者中学校の先生方の実践報告です。

実践編

第2章 カリキュラム・マネジメントへの取り組み

カリキュラム・マネジメントの形成の概要

細山美栄子

まずは、『学び合い』を本格的に導入する前の本校での4年間の校内研究を紹介します。当時の学習指導要領（平成20年版）においては、従来の「生きる力」を理念として継承し、基礎的・基本的な知識・技能や思考力・判断力・表現力等をバランスよく育成すること、主体的な学習態度を養うことなどを大きなねらいとしていました。

そのことを踏まえ、本校では「学校改革は授業改革から始まり、授業を変えない限り、学校は変わらない」ということを念頭に置き、学校目標に「聴き合い、学び合う中で、意欲的に学ぶ生徒の育成」を掲げ、授業力の向上を最重点課題の一つとして、研究に取り組みました。

校内研究主題を「意欲的に学ぶ生徒の育成～共に学び合う授業づくりを目指して～」とし、研究の柱を「教員の授業改善」と位置づけました。教員全員が研究に取り組みやすいように次のことを提示し、共通理解を図りました。

〈本校の授業づくり〉
「共に学び合う（一人残らず学びに参加する）授業」
☆「活動的な学び」～工夫ある授業～
・対象とじっくり関わり、自分で何らかの考えをもつ活動を重視する。
☆「協同的な学び」～ねえ、ここどうするの？ と聞ける仲間～
・相互に依存し合い自立し合う「協同的な学び」を教室に実現する。
☆「表現的な学び」～よく聞き合う教室～
・学んだことを「表現」し、仲間と「共有」する。

1年目の成果と課題

研究主題に迫るための一つの手段として、全教科で「四人グループ」を活用した授業を行い、生徒の変容を探ることとしました。

「四人グループ」を取り入れた授業の継続と、年2回の提案授業を行い、授業改善の共通理解を図ることができました。一方、基礎・基本の定着を図り、学力の向上を教員が意識し、授業改善につなげていかなければならない、という課題が挙げられました。

また、Ｒ－ＰＤＣＡサイクルを活用し、日々の授業実践の中で何が課題であり、何が成果であるかを明確にし、対策を立てて課題解決を図るという課題が明確になりました。グループの人数を四人にこだわる必要性があるのか、という疑問をもちながらグループ活動を進める教員もいましたが、まずはやり続けてみて、生徒の変容を見ていきましょう、ということで進めました。この年は、「学びの共同体」の考え方を参考にしながら取り組みました。

手探りで始めた校内研究もこのような形で1年を終えました。

2年目の成果と課題

2年目は、全教員が学年単位で最低年1回授業を公開することとしました。授業公開といっても、授業者が準備する指導案的なものは、できる限り簡略化したもので、普段の授業を公開するというものです。

指導案（授業案）はＡ４判の用紙一枚にし、授業公開を行うクラス、授業場所、題材、本時の目標、評価項目、使用教材が書かれてあります。そして、授業公開を行うクラスの座席表もつけることとしました。座席表は、参観者が生徒の座席と名前を一致させる場合に必要となってきます。

公開授業の後は、放課後、学年ごとに話し合いを行いました。内容は授業者の指導法についてではなく、生徒の授業の様子、変容が中心でした。そのため、教員は子どもの様子を今まで以上に観察するようになり、話し合いも活性化されてきました。しかし、学力面における数値的伸びは解決されないままでした。

3年目の成果と課題

「四人グループ」で、進んで友達や先生に聴き合う活動が生徒に浸透してきました。そして一人残らず学びに参加する授業に近づいてきました。しかし、学力向上の部分に関しての研究成果が数値としてしっかりと現れるまでに至っていなかったため、研修部ではいろいろと情報収集を行いました。そして、偶然『学び合い』に出会いました。

早速、この年の7月、上越教育大学教職大学院の西川研究室に研修主任を派遣し『学び合い』について具体的に研修を行いました。先進校を視察させていただき、また、西川研究室のゼミの方々と議論を交わし、『学び合い』の考え方、授業の進め方などを深く学びました。また、数名の先生方は県外研修に出かけ、他校の研究会に参加し、情報を共有することも試みました。

これまで学力的な面での課題についての解決の糸口がなんとなく見えてきました。授業での生徒の動きを教員がすべて統率してしまうのではなく、生徒たちに選択の幅をもたせることが目に見える学力の向上につながり、同時に温かい人間関係の構築にもつながるのではないか、という考えも出てきました。

この1年の各種研修を終え、本校の研究に不足していたことの一つは「教員がみんなで生徒のために学び合う」（つまり教師自身の『学び合い』）ことであると気付きました。

4年目の成果と課題

4年計画のまとめの年となりました。

授業における「四人グループ」の縛りをなくし、ごく一部の教員でしたが、本格的に『学び合い』の考えをもとにした授業改善をスタートさせました。今までとは全く異なった授業の様子に、生徒には少しだけ戸惑いも見られました。

しかし、継続していくうちに、みるみる主体的に動く生徒が多く見られるようになってきました。『学び合い』を通して生徒の学ぼうとする意欲も一層高まり、特に下位の生徒たちには学習意欲を喚起する有効な策であることが確信できました。

同時に、学力向上が課題だったことについても解決の兆しが昨年以上に明確になってきました。平均点に注目しがちであったことを反省し、50点以下の生徒をなくすための方策、そして、上位の生徒にはさらに上を目指そうとする意欲を喚起する課題提示のあり方などを考える年となりました。

４年計画の目標であった、意欲的に学ぶ生徒の育成については達成できたものの、『学び合い』をさらに進め、人間関係づくりと学力向上の両面で、さらに向上できるのではないか、ということに行き着きました。

４年間を終えて見えてきたこと

研究（研修）主任の研修会に参加すると、「自校の校内研究主題を全教員が知らないことが多い」「研究主任が年度末帳尻合わせの作文を完成させ、紀要にまとめることが多い」という言葉をよく耳にします。その部分については、本校の校内研究は、全く問題がありませんでした。全教員による授業公開も、行ってみればあまり苦労もなく、順調に進めることができました。

ただし、本当に生徒のための研究になっていたのか、日々、教員全員が校内研究テーマを意識して授業改善を行っていたのか、という問いに対しては回答が難しいです。

前任の校長がよく職員会議で話していた「学校改革は授業改革から始まり、授業を変えない限り、学校は変わらない。授業力は教員の命である」という言葉を全教員が真摯に受け止め、アンテナを高くし、共通の目標をもって協働で取り組むことができたか、と振り返ってみると難しかった、としか言えません。

生徒は同じ目標に向かって一生懸命に取り組むことが簡単にできます。例えば、体育祭で各軍の団長が一言「みんな、もっと声を出して早く動こう」と言えば、どんな生徒でも指示に従って動きます。また、合唱コンクールで指揮者の生徒が「アルトパートは音程が下がっているのでその部分を改善するために10分間練習してください」と適切なアドバイスをすると、すぐに実行に移します。

しかし、教員集団というのはそう簡単には動きません。それぞれに教育へ信念や理想があり、経験年数を積めば積むほど揺るぎない自分のスタイルが確立されてきます。また、年数に比例して実績も増えてきますので、生徒のように簡単に「皆さん、一緒に同じことに取り組みましょう」と言っても、賛同し、行動に移す教員はわずかでした。

『学び合い』をスタートさせたときも同じでした。当時、上越教育大学の西川先生は、「新しいことをホイホイとやろうとする教員の方が普通じゃない。保守的で現状維持に満足している、そして一斉授業を行っている教員が普通。その普通の人たちを動かすためには、結果を出すしかない。結果を見れば、納得してやってみようと思う教員が必ず出てくるから。したたかに研究を進め、生徒の成績で結果を出して、納得させるのが一番」ということを常に語っておられました。

カリキュラム・マネジメントに取り組むことの困難

三浦　勝利（教頭）

西川純先生が提唱する『学び合い』の授業に取り組む以前から本校の校内研修では、これまでも生徒一人ひとりの「学び」にこだわりながら、「共に学び合う（一人残らず学びに参加する）授業」を目指し、その授業を実践していく中で生徒の様々な面を育て、伸ばしていくことと、生徒のよりよい変容に着目しながら研修を進めていました。しかし、生徒たちの実態は、自ら考え、進んで活動に参加しようとする意識が低いなど「学び」における意欲が低く、思うように基礎・基本の確実な定着、学力の向上になかなかつながりませんでした。

一人残らず学びに参加する授業づくりを目指す上では、まず、互いのかかわり合いを通して、個々の生徒の特長や資質など互いを認め合う人間関係づくりの構築が第一と考えます。

人間関係づくりの構築やコミュニケーション能力を高めるためには、現在、取り組んでいる『学び合い』の授業が有効であること、また、一斉授業についていけなかった生徒も、お客様にならずに一人残らず学びに参加する授業に取り組めることなどが『学び合い』に取り組むきっかけになっていると思います。

そして5年前、西川純先生が提唱する『学び合い』の授業を校内研修の柱としてカリキュラム・マネジメントを進めていくことになりました。しかし、導入当初はこれまで取り組んできた「学びの共同体」の理論をベースにしながら、『学び合い』の授業を週1回は挑戦しようを全教職員の合言葉として、学年体制での一人1回の『学び合い』の授業公開を柱にした校内研修を進めました。さらに外部講師として西川純先生を招き、公開授業を参観していただき、八戸市教育委員会の教育指導課・教育センター訪問と拡大校内研修会を同時に開催するなど、教職員一人ひとりの『学び合い』の授業について理解を深めることに取り組みました。

導入当初は、「知識伝達型」の授業に慣れてきた生徒・保護者、そして、ほとんどの教師が『学び合い』の授業について理解が不十分という状況でした。そのような状況下ではやはり、教師側の取り組みに温度差が生じ、学校全体の取り組みとはなっていなかったように思います。特に、一斉授業のスタイルが確立している教師ほど、『学び合い』の授業はなかなか浸透しませんでした。

年度を重ねるにしたがって、教師側の『学び合い』の授業についての理解が少しずつ深められてはきましたが、保護者からのアンケートでは、『学び合い』の授業についての理解不足からか、疑問に思う保護者から『学び合い』の授業に取り組んで5年経過した現在でも多くのご意見が寄せられています。

例えば、

・『学び合い』で授業が遅れている子も追いつくことが可能なものでしょうか。様々な意見や経験談（まわりの保護者から）を耳にする機会があり、少し心配しています。

・『学び合い』をまだやっているのと言われます。なんでも子ども任せでは親は不安です。もっとしっかりリードして影響力をもってほしい。

・『学び合い』の授業について、生徒のためというより先生の手間を省くために行われてはいないでしょうか。うまく機能している教科と、そうでない教科があるように思います。授業をどのように進めているか先生方で確認していただければと思います。

・『学び合い』は一部の決まった生徒のみがいつもわからない子の世話をしているような感じがします。言葉が適切ではないかもしれませんが、できるのに面倒ください！　という理由で、人のよさそうな子に押しつけてはいませんか。確かに教えることで教えた子の学習の定着につながることもあるかもしれませんが、要領の悪い子は、本当に自分がやるべきことをおろそかにして他の子の世話をさせられているように感じてしまいます。先生方は本当に生徒の指導に役立っていると思われますか。一部の生徒には、かえって悪影響にはなっていませんか。（受験とか……）少し心配です。
・学力がなかなか身に付かないような気がします。『学び合い』は素晴らしいやり方だとは思いますが、本当に実のある『学び合い』ができているのか疑問です。

などの意見がありました。

『学び合い』の授業をしっかり参観したことがなく、参観日などのちょっとした時間だけ参観し、一斉授業だけしか経験のない保護者にとっては本当に大丈夫なのかと不安に思うのは当然の結果です。

カリキュラム・マネジメントの三つの側面の一つである「教育内容と、教育活動に必要な人的・物的資源等を、地域等の外部の資源も含めて活用しながら効果的に組み合わせること」を成り立たせるためには、保護者の理解が絶対に必要です。

学校として保護者の理解を得るために何が必要かを検討しました。その結果、『学び合い』についての学校からの情報提供不足が大きく、保護者の皆さんに不安を与えていたことは大きな反省点と言えました。学校の教育活動が成果を上げていくためには、やはり、生徒、保護者、地域の皆さんの信頼を得ることが何よりも大切だということ。そして、当たり前のことですが、全教職員で共通理解を図り、同一歩調で進めていくことがとても大切であると感じました。

そのために、全教職員でこれまでのような教師が教壇から説明や質問をし、生徒は席に座り教師の話を静かに聞きながらノートを書くというような教え込む一斉授業でのよい部分を残しつつ、生徒が考えを出し合い、何かを発見する学習、横のつながりのある学習を意識した授業に取り組みました。そしてそれが考えることの楽しさや学ぶ喜びを感じることができ、生徒全員が学びに参加する授業づくりにつながっていきました。

生徒側の立場で考えたとき、この『学び合い』の授業に取り組むことは、学習意欲が高まり意欲的に学習活動に取り組むことができ、理解力が高まるだけでなく、クラス全員が理解し、一人も見捨てないという目的に向かって活動することを通して、コミュニケーション能力やクラスの人間関係づくりにも有効であることがわかりました。

また、教師側の立場で考えたとき、『学び合い』の授業についての理解を深めることや生徒とのコミュニケーションを図り、生徒の創造性ややる気を刺激するような『学び合い』の授業の進め方など、同僚性を発揮して教師同士で『学び合い』の授業について研修を深めていくことが大切であるということを、実践を通して理解を深め、全教職員の共通理解のもと同一歩調で進めていくことが必要と考えます。

初等中等教育分科会の教育課程企画特別部会で、２０２０年度以降に実施される学習指導要領の改訂に向けて、２０１５年8月に発表された「論点整理」の中でも、アクティブ・ラーニングという言葉に象徴される、授業における学習・指導方法を具体的に見直すことの大切さが示されています。

また、次期学習指導要領で求められる「育成すべき資質・能力」を育むためには、学びの量、質、深まりが重要で、その学びの質の向上や深まりを求めるためには、課題の発見・解決に向けた主体的・協働的な学びが有効であるとまとめています。この「論点整理」の内容からも、現在、本校で取り組んでいる校内研修の方向性に間違いがないことを示しています。

しかし、どんなに素晴らしい理論に取り組んでも、実践する教師が本気で取り組まなければ、成果として表れません。これまでの授業形態を変えていく必要があるということを意識し、とりあえず実践すること、一歩踏み出すことが重要で、実践しなければ課題や成果が見えてきません。

これまでの『学び合い』の実践では、三つの課題が見えてきました。

一つ目は、年度ごとに新たに保護者が変わることでの保護者への『学び合い』の授業についての情報提供不足。

二つ目は、保護者と同様、年度ごとに新しく赴任してきた教師側の『学び合い』の授業についての理解不足。

三つ目は、取り組む教師によっては、形式だけの『学び合い』の授業になっている教科があること。

これらの課題解決のために、現在、『学び合い』のリーフレットの作成、保護者・地域の方々、そして、地域の諸学校に向けての拡大校内研修への案内、『学び合い』先進校への視察、校外研修への積極的な参加などに取り組んでいるところです。

また、学校の教育活動、校内研修を充実していくためには、全教職員の力を結集していける組織づくりがとても大切です。その組織づくりがカリキュラム・マネジメントそのものです。そのために管理職として、どう組織づくりにかかわっていくかも重要で、管理職側の覚悟と強いリーダーシップにより教職員をまとめ、組織としての機能を高めながらすべての教職員が組織の一員としての自覚をもち、組織全体で取り組むことが必要です。

また、本校のカリキュラム・マネジメントをより高度化するには、これまで挙げられた課題について教員間での『学び合い』を推進していくことが、『学び合い』の成果を上げる上で大切なことと考えます。

何よりも、教職員が安心して教育活動に取り組めるような信頼関係を築き、教職員一人ひとりの意欲の喚起が図られていくことを意識した学校運営を心がけていくことが重要です。

『学び合い』によるカリキュラム・マネジメント

細山美栄子

平成25年度、本格的に学校全体の取り組みとして『学び合い』を取り入れ、授業改善を進めることとなりました。校内研究主題の「意欲的に学ぶ生徒の育成～共に学び合う授業づくりを目指して～」に迫る4年間の取り組みとして、まとめとなる年を迎えることになりました。

この年の4月30日、上越教育大学教職大学院教授の西川純先生を講師として本校にお迎えし、本校初の『学び合い』での授業公開を中学2年生の英語の授業で行いました。この生徒たちは、英語の授業を1年生の2学期から『学び合い』で進めてきており、約半年が経過した生徒たちの変容を他の先生方にも参観していただく絶好のチャンスでした。

授業公開では、予想できない生徒たちの動きに驚かされるばかりでした。その日の課題は、「教科書を一人で暗記することができる」というものでした。課題終了時間残り5分。どうしても教科書を暗記できない生徒が一人いました。その生徒の支援として周囲にいる生徒たちが、何気なく一斉に自分たちが暗記した文章を声に出してゆっくりと読み始めました。そして、その生徒は自分の席で一緒に声に出して教科書を読み始めました。無理矢理覚えさせるのではなく、その生徒の様子に合わせるように配慮する周囲の生徒たちがとった行動は、誰も予想ができませんでした。

結局、時間内に全員が課題達成することはできませんでしたが、最後まで一人も見捨てない生徒たちのチームワークは素晴らしいものでした。最後の振り返りでは、誰からともなく、次に同じような課題が出された場合、自分たちはどうすべきなのか、という話し合いが始まりました。これは、生徒たちが真剣に、そして自分たちから授業に取り組んでいる証であると実感しました。参観した本校の先生方は『学び合い』に関して、様々な疑問をもったようです。

授業後の研究協議の内容を紹介します。

〈校内研究集録からの抜粋〉

拡大校内研における話し合いの記録

指導助言者　上越教育大学教職大学院教授　西川　純先生

※　司：司会者　西：西川

司：本時の授業をもとに、『学び合い』に関する質問を西川純先生に答えていただく形で進めたい。

N：今日の授業では、指示を出した後の子どもの動きや活動を終えた後の子どもの『学び合い』の動きが見られた。早く課題が終わって時間を余す生徒への対応はどうすればよいか。

西：最後の一人が残らないように、時間内に終わるためにはどうすればよいのか、頭を使って効率的に生徒が動くことを教師側が常に語る。『学び合い』が進んでくると自ら問題を出し合い学び合う生徒も出てくる。『学び合い』は、本来、単元すべての時間を生徒に与える。その中で、全員が目標を達成するのだということを教師が生徒に常に語る。それであれば、達成できない生徒が一人だけであれば、他の生徒は先に課題を進めてもかまわない。

G：1時間すべてを生徒に与えるには勇気がいる。『学び合い』は1時間の中で5分や10分くらいでもいいのか。

西：5分や10分ぐらい学び合わせるのであれば、やらない方がいい。『学び合い』の効果が生じるのは1校時の90％を生徒に任せたとき。しかし、いきなり90％を任せることに躊躇するのは当然。だから、はじめのうちは週1か週2で行ってみるようにする。その代わり、その時間は90％を任せてほしい。週1か週2で『学び合い』を行っても学力はそんなに上がることはないが、下がることもない。そして集団の力は確実に向上する。週1で『学び合い』を行うのであれば、これまでの学習内容についての『学び合い』を行うようにするとよい。

授業の中ではとにかく、1分でも多く生徒に時間を与えることが大切である。本時の授業では、目標の提示の仕方やストップウォッチで時間を計るときの方法、リーディングでの教師のチェックの仕方を工夫することで、もっと時間を短縮することができた。とにかく無駄を省き、生徒に多くの時間を与えるように工夫することが大切である。

本時の授業は『学び合い』を行うのが難しい内容であった。それは、教師が発音をチェックしなければならないからである。『学び合い』を進めるためにはテクニックをもっている生徒が誰なのかを大きな声でまわりに伝え、他の生徒がその生徒に聞きに行くようにする。また、発音が間違っている場合も「あれ？　それでいいのかな？」と大きな声でつぶやく。課題に向かっていない生徒へのだめ出しも大きな声でまわりに伝えるようにする。できない子に直接言うのではなく、できる子に伝えることで、その生徒がなんとかしなければと動くようになる。

Ｉ：目標設定の難易度についての質問だが、下位の生徒や特別支援の生徒でもある程度達成できる目標にするのか。

西：目標は高いほどよいと言える。50回の授業のうち、5回くらい達成できる程度で十分である。目標を達成することが本来の目的なのではない。目標が達成できないことよりも一人も見捨てない集団づくりが大切である。特別支援の生徒に関しては別の課題を与えるとよい。

Ｙ：目標を達成できなかったときの対処はどうするのか。

西：目標を達成することが目的ではなく、一人も見捨てない集団をつくることが大切なので、目標を達成できなかったときは、なぜ達成できなかったのか、自分は何がやれたのかを考えようと生徒に語る。体育や数学はどうしても能力差が大きい教科なので全員の達成は難しい。国語や社会、理科であれば課題によっては全員の達成が可能である。全員が達成することはなかなかないので目標を達成できたときには、大きくほめるようにして次につながる語りをする。

I：本時の授業では目標を全員が達成していないのに、課題が終わった男子生徒が和訳をし始めた。そのような場合の対応はどうすればよいか。

西：その場では直接叱らず、授業の最後に生徒全員に語る。全員が目標を達成するためのはたらきをしていない生徒がいたことや全員達成のためのはたらきをしていない生徒をまわりの生徒は見ていたのに、そのままにしていたことなどを指摘し、どうすればよかったのかを生徒に考えさせる。次の授業でのその生徒たちの変容を見てよい変容はほめて全体に語る。

K：本時の授業の中でもあったが、目標を達成できなかった生徒へのケアはどうすればよいか。

西：とにかく一人も見捨てないことを生徒に伝えることが大切。生徒をケアするのは教師ではなく生徒である。『学び合い』がしっかり機能してできていたかどうかはテストで明らかになる。もしテストでできなかった場合は、「○番の問題は、△日に授業で学習したが、そのときは□人できなかった。その後みんなはできなかった生徒に教えると言っていたのに、テストでできなかったのはどうしてか。どうすればよかったのか」というような語りで生徒に問い、考えさせる。びしっと言う。

学級の割合はおおむねできる生徒二割、中間六割、できない生徒二割である。教師の呼びかけに対してすぐに動く二割を見て、中間の六割の生徒はその真似をする。残りのできない二割をできる二割と中間六割の計八割でつぶしていくことで学級が次第に変わる。授業の最後に達成できなかった生徒への声がけの中で「この部分はできたね」などの価値付けをすることで、できる二割の生徒が教師の口真似をして、他の生徒に言うようになる。それを中間六割の生徒が真似ることで、できなかった生徒が安心して学べる環境ができてくる。

K：『学び合い』のグループ編成では何人が望ましいのか。

西：何かの作業をするときは四人、五人が基本であるが、課題によっては最適なグループの人数が変わる。例えば、ちょっと教えてもらうときは二人が最適である。また、人の相性は複雑である。教師は以上のことを考慮し最適なグループを流動的につくることは不可能である。そのため『学び合い』ではグループを決めていない。よって人数は決まっていない。

K：数学の授業では能力別に分けているが、下位の生徒だけの場合の『学び合い』はどうすればよいか。

西：そのような場合は全員が同じ課題でなくてもよい。一人ひとり課題の内容を変える。机間巡視をしているときに、ある生徒の答えが間違っていたら、教師が「あれ？　これでいいのかな？　○○さんどう思う？」などとつぶやき、他の生徒を巻き込んで『学び合い』を進めていく方法もある。

　下位の生徒は、これまで学習することの必要性を感じていない生徒が多い。いくら教師が勉強しなさい、学習は必要だということを言っても実際にそのような体験をまだしていないので本気で学習に取り組めないでいる。そのような生徒のやる気に火をつけるのは生徒の言動であり集団の力である。

T：『学び合い』の研究授業の視点はどこに重点を置けばいいのか。また、充実した協議にするにはどうすればよいか。

西：充実した校内研や協議をするためには、教師同士の膨大な雑談が必要である。例えば、付箋におもしろい動きをした生徒の名前を書き、授業開始からの時間をメモし、授業後に時間ごとに区切って貼っていく。それをもとに協議をするとおもしろい。教師が情報を共有すると、職員室でも雑談が起こり、それが充実した校内研につながって研修が深まる。教師同士も『学び合い』が必要なのである。

以上が、本校職員と西川先生との一問一答ですが、『学び合い』に取り組んだ初期段階で出される典型的な質問ばかりでした。

同年11月6日、再び西川先生に来校いただき、今度は理科の授業公開を行いました。理科の先生は『学び合い』に取り組んでから7カ月目でした。授業公開の4カ月前に学校全体で『学び合い』に取り組んでいる県外の学校の視察に出向き、研修を積んでの公開となりました。担当した1年生の生徒の動きは見事でした。仲間を見捨てず、課題が終わった生徒がすうっと苦手意識のある生徒のそばに行き、ヒントを出してあげる姿に感激しました。

その後の研究協議会での西川先生からのご助言は次の通りです。

『学び合い』の五つの視点

1．グループを解体してください

先生方がグループを決めないこと。集団が固定化したときに、マイナス面が出る。一番いいグループは、その課題に応じてつくられる。能力の低い子を支えられないという点と、どうしても合わない仲間もいることに配慮したい。

2．与える課題の「達成しているか／していないか」を明確にしてください

先生が解答をチェックするのはやめてほしい。自分が対応する生徒しか見えない。子どもも同士がチェックできる状況をつくることが大切である。

3．課題をテストから乖離させないようにしてください

授業の目標と評価を一体化しなくてはいけない。テストに出る六割から七割の内容を課題に入れることで、授業の内容を確かめ、振り返ることができる。

4．全員達成にこだわってください

ネームプレートを利用すること。『学び合い』の語りの時間は、教科の内容に触れることを避けること。集団がどう動いていたかを語ること。課題の内容についてまとめる必要はない。本当に全員の生徒がわかったのかということを見て取れるか。それよりも徹底的に支え合うことに意味がある。

5．他の教科の先生と取り組んでください

『学び合い』では、他の先生と雑談しながら進めていくことが利点で、教科を越えて学年団で進めていくことができる。自分が最初に赴任した高等学校では、先輩理科教師はいなかったが、他教科の先輩からのアドバイスがあった。直接の教科指導は学べなかったが、生徒の個々のことなど広い視野をもって、生徒の様子を学ぶことができた。

中学校では、3学年一緒の『学び合い』を実践してほしい。3年生は下級生に対して、受験勉強の大切さを語ることができる。3年生と一緒に勉強していくことで、受験勉強に早めに取り組むことができる。子どもに影響を与えるのは子どもである。

5時間目に最後の一人となった彼ができなかったのは、彼のせいではなく上位の男子二名が教えなかったことに尽きる。大事なのは理科ができるかどうかではなく、それを支えることができなかった全員の責任である。それを教えていくことが大切である。

最初のこの1年間で研修した内容は非常に濃いものでした。

西川先生には二度来校していただき、多くの貴重なご助言をいただくことができ、教員も『学び合い』への本気度が高まったように感じました。『学び合い』という様々な教科で一貫する理論と実践が授業研究の軸となったため、教科を越えた教職員同士の授業の会話が格段に増えましたし、その質も高まりました。教師同士の主体的で協働的な学びの関係が構築されました。

4年計画の校内研究としては、充実したまとめの年となったと同時に新たなスタートの1年となったような気がしました。

学校としての取り組み2年目　―校内研究存続か否か―

管理職が変わると校内研究の方向も変わることが多々あります。本校も新任の校長を迎え、『学び合い』を研究の柱として継続するかどうかを決める時期がやってきました。新任の校長は「1年目は様子を見させてください」ということで、いわば、研修部としては結果を出して継続を判断していただく、という年がやってきました。

まず、研修主任として、新任の校長に4月当初、二つのお願いをしました。一つ目は、『学び合い』の研修に教員を上越教育大学に2～3日派遣してほしいということ。二つ目は、西川純先生に来校していただき本校の授業の様子や子どもたちの様子を見ていただき、ご助言いただきたいということでした。校長は快諾してくださり、順調に校内研究が進むことになりました。校内研究テーマも『学び合い』を柱とした「自ら学び、考え、行動する生徒の育成」とし、4年計画でスタートしました。

2年目の成果と課題は以下のようになりました（校内研究集録より抜粋）。

〈成果〉

（1）全教員が校内研の研究主題を意識しながら、授業改善に取り組むことができた。特に『学び合い』の考え方を各教員が職員室での話題にし、教科内での情報交換、また、学年内での情報交換ができた。

（2）全教員が年間で最低1回は授業を公開し、生徒一人ひとりの学びの様子を話題にし、生徒の情報交換及び各自の授業改善に生かすことができた。

（3）西川純先生の来校は、大変意義深いものであった。合同『学び合い』の特別授業を公開していただき、また、生徒、保護者そして教員対象の講演会も行っていただいたことは『学び合い』への疑問を解決するよい機会となった。

（4）生徒のアンケート結果から、生徒の学ぶ意欲も『学び合い』を通して、今まで以上に高まりを見せた。特に下位の生徒たちには有効な策であり、目に見える学力の向上にもつながると確信できた。

（5）NRT偏差値の推移、全国・県学力状況調査等の結果から、すべての教科において2・3年生の数値に伸びが見られた。

〈今後の課題〉

（1）継続的に全教員が『学び合い』の考えをしっかりと理解し、教科の特性を生かしながら、目に見える学力の向上に一層つながるようにしなければならない。

（2）質の高い授業づくりにつながるよう教員間で様々な情報の共有が今後ますます必要となると考える。

（3）諸検査、アンケート結果を分析し、目に見えない学力の向上も図っていきたい。

継続決定で迎えた3年目

〈研究成果〉

（1）全教員が年間で最低1回は授業を公開し、生徒一人ひとりの学びの様子を話題にし、生徒の情報交換及び各自の授業改善に生かすことができた。

（2）拡大校内研修会では、市内はもとより県内外からの一般参観者も約四十名と多く、『学び合い』等への関心の高さを知ることができた。また、西川純先生の講演は、生徒や保護者そして教員へのいい刺激となった。今後、社会で求められる人材について共通理解することができた。

（3）NRT偏差値の推移、全国・県学力状況調査等の結果から、2・3年生の数値に伸びが見られた。

〈課題〉

（1）継続的に全教員が「一人も見捨てない授業づくり」を今以上に意識した教材研究を進め、質の高い授業を実践していかなければならない。

（2）「学力が保証される授業」と「心地よい授業」をキーワードに、生徒、保護者との共通理解を図っていきたい。

（3）諸検査、アンケート結果を分析し、多面的に全教員で生徒一人ひとりを育てていきたい。

『学び合い』が注目されたこともあり、県内外から研修に来校される方々も多くなった1年でした。本校の中でも、今まで『学び合い』にあまり積極的ではなかった教員もいよいよ取り組まなければ、といった様子になってきました。

本校には「ＴＥＡＭ長者」という校長だよりがあります。校長だよりには、我々教員の授業公開の様子が細かく載っています。教員評価とも連動している校内研究のため、校長自ら、全教員の授業を参観し、その様子を写真を交えて紹介します。学年が違うと授業参観できる機会も少ないので、この校長だよりを通して、教員同士の『学び合い』が活性化され、まさに、「カリキュラム・マネジメント」の中心的存在となっています。カリキュラム・マネジメントは校長のリーダーシップが重要ですが、本校はその具体的な姿を示していると思います。

校長・教頭の管理職が率先して深い学びの具現化である『学び合い』を進めてくださることで、教員の意識も変わってきています。

これまでの『学び合い』による学力向上

校内研究として取り組んで約半年後、当時の第2学年の生徒を対象にした、青森県学習状況調査がありました。その結果は、どの教科も県平均、市平均を大きく上回りました。しかし、まだこの時点では、『学び合い』の効果かどうか、ということを疑問視する先生方が多くいました。

翌年、3年生に進級し、全国学力調査に挑みました。約1年間の成果を見る時期がきました。顕著な結果としては、国語B問題は校内平均63.1（全国51.0）、数学B問題は校内平均69.6（全国59.8）となり、B問題については、『学び合い』を通して、相手に説明することがうまくなった結果が数値で出されたと分析しています。

同時期に実施した全国の標準的なテストの結果を偏差値で見てみると、国語56.7、社会56.7、数学56.1、理科58.0、英語59.4という結果が出ました。どの教科も前年度に比べ数値が伸び、目に見える学力向上につながったという結果がはっきりと出てきました。県立高校の入試では在籍数の約20%の生徒が市内のトップ校に合格しました。また、80.5%の生徒が第一志望の高校に見事合格することができました。県立高校の入試での平均点は、英語が約80点という結果となりました。入試直前まで、「一人も見捨てず、全員で目標を達成しよう」と生徒たちが『学び合い』に取り組み、入試問題の傾向を生徒同士で分析し合ったり、難問と言われる問題には、仲間で解き方を工夫したりした結果でした。

一人の力で達成できないことでも、数人で取り組めば理解度が増し、そのことを継続し3年間取り組めば、確実に結果を出すことができるのが『学び合い』の最大の利点だと思います。

私が担当している現2年生も1年生のときから『学び合い』を進めています。当時3年生担当だった教員二名が1年生の所属になったので、一緒に担当教科を中心に進めてきました。明らかに『学び合い』で明確な達成目標をもって取り組んだ教科の成績は伸びています。

2年生の最初に行った全国との比較ができる調査では、全国を大きく上回る結果を出しています。また、8月に実施した県の学力状況調査でも、同様の結果です。また、最近の模試の英語では、県平均を大きく上回ったことは言うまでもありませんが、30点に届かない生徒が一人もいませんでした。受験者が八十名近くでしたが、全員が30点以上を取ることができたのは、『学び合い』で生徒同士で自主的に学習し合う環境が定着したからなのです。

どんなに素晴らしい授業をなさる先生がいても、必ず約四十名のクラスにはお客さんのようにわからないまま時を過ごしてしまう生徒もいるはずです。しかし、『学び合い』によって生徒が変容し、そして結果にも結びつくことがわかりました。下位の生徒の伸びに感動しましたが、上位の生徒たちも伸びを見せており、満点を取った生徒も四名いました。

生徒が変わっても、『学び合い』での学力の向上は実証できます。はじめは週1回、今では私の教科では単元の時間を提示し、その時間内で達成する目標を明示しながら進めています。家庭学習が定着し、上位の生徒は授業では教える立場になって仲間に教えたり、アドバイスしたりしています。他の学年と合同で授業をすることも生徒にはいい刺激になります。

学校での取り組みを成功させるポイント

研修主任として、教員集団が一つの同じことに向かい結果を出すには、とても時間がかかります。また、周囲を納得させ、同じ方向に導く途中には、もういいかなあ、と半ば諦めかける時期も多々ありました。しかし、そのときは、最初に西川先生に言われた「自分でやって結果を出し、相手を納得させるのが一番」という言葉を思い出し、初心に戻って出直しを図りました。そして現在に至っています。

また、もう一つ重要なことは、仲間の存在です。少なくとも各学年に二名の同志がいれば、授業研究の後で、語りの部分や課題の難易度についても話し合いが活性化されます。職員室でも共通の話題の提供ができます。さらに主任クラスの先生方がその同志であれば、一層、学年間の風通しがよくなるのではないかと感じることが多いです。

苦しくなった場合は合同『学び合い』で学年を越えて、または教科を越えて取り組み、生徒の様子を観察することも一つの方法です。合同『学び合い』は先生方の同僚性が大いに発揮されますし、職員室での会話も弾みます。それを聞いた興味ある先生も話に加わり、自然と先生方の『学び合い』が充実してきます。

そして、何よりも学校での取り組みを継続できているのは、管理職が学校経営の柱として『学び合い』を取り入れるとしっかりと意思表示してくださったことが最も大事なポイントだと考えます。授業公開の際には、授業を参観してくださり、校長だよりとして先生方の授業の様子を参観できなかった先生方に紹介してくださります。また、リーフレット作成等で地域や保護者への理解を周知徹底させてくださっています。

やはり、学校での取り組みの鍵は、子どもの幸せのため、という軸を揺るがさず、たくさんの人たちにそのことを理解してもらい、実行に移してもらうまでの膨大な時間をいかに諦めずに取り組み続けるか、というところにあると思います。

実践編

第3章　カリキュラム・マネジメントの実現
―教職員たちの声―

教職員の感じたカリキュラム・マネジメント

西川　純

長者中学校にかかわって5年目に突入しました。きっかけは、細山さんからのメールでした。

「私、青森県八戸市立長者中学校で研修主任をしております細山美栄子と申します。教育同人社さんの教材の中に、ある冊子を見つけ西川先生の『学び合い』を読みました。またその翌日、早速「学び合いスタートブック」を購入しまして、読ませていただきました。実は、本校では「学びの共同体」の理念をもとに授業研究を行い3年目に入ります。しかし、研修主任の立場でいろいろ勉強させていただいておりますが、難しいことに直面しております。

本校は八戸市の中心地にあり、比較的生徒も落ち着いており、どちらかというと文教の地、と言われております。コの字型、四人グループなどにも取り組んでおりますが、成果を期待する先生方からは学力を上げるためには、ちょっと方向性を変えたらどうか、という意見もあります。そんなとき、西川先生の『学び合い』を知りました。成績が伸びる、目標と評価のことなど詳しく書かれており、なるほどと思うことが多々ありました。もし機会があれば、一度直接お話を伺いたいと思っております。

とりとめもなく書いてしまいました。もし何かご助言いただければ嬉しいです。ちなみに私も筑波大の卒業生です。教科は英語です。突然のメールをお許しください」

私の返答は「サポートいたしますよ。どうしたらよろしいですか？」でした。

お邪魔する度に、前回は懐疑的だった先生がツボどころを押さえた質問をするようになり、子どもたちの成長を自慢するようになりました。そして、教科を越えて授業のことを熱く語る先生方を見ていると幸せな気持ちになります。

教職員が主体的で協働的に学び合うためには、一貫した理論と実践が共有されていなければなりません。本章を読まれれば、それがはっきりと読み取れると思います。

本章では、教職員の『学び合い』、すなわちカリキュラム・マネジメントを実現した、自慢の先生方をご紹介いたします。

慣れ・成れ・熟れ

柏﨑　康司
（若手の保健体育教師）

苦難を感じたこと

『学び合い』という考え方に出会って、はや4年目となります。はじめて目にして、学んで、理解したつもりになって、実践したときは正直不安要素だらけでした。本当にこの授業展開で、子どもたちの実技・保健両分野における基礎・基本の定着は？　評価は？　安全確保は？　授業規律は？　などなど……。

挙げればきりがない状態でした。毎時間の達成課題を考え授業を展開し、終了後に残るのは脱力感。実際今思えば、その当時の授業スタイルは『学び合い』というものに程遠いものでした。それまでは、教師主導の一斉授業を10年以上行っていたため、自分自身の指導法の型を一度リセットし、新しい発想のもと、授業者として挑戦することに臆病になっていたのかもしれません。このままでいいのだろうか？と、不安を抱える日々。

そんな折、ある書籍を目にして、気持ちが楽になったことを記憶しています。全国の先生方の赤裸々な告白。そして、すべての時間『学び合い』を取り入れなくてもよい、という考え方。そこで、一度原点に返り、年間指導計画や単元指導計画を見直し、視野を広げた上で再度、授業展開を計画してみることにしました。

自分自身で出した答えは、3時間1サイクル設定です。保健体育の授業は、週3時間実施しています。1時間目→基礎・基本の定着、2時間目→前時の授業展開を受けての『学び合い』、3時間目→スキルテストです。前述した、不安要素、子どもたちの実技・保健両分野における基礎・基本の定着は？　評価は？　安全確保は？　授業規律は？　これらは、この3時間1サイクル設定でほぼ解消されました。

1時間目の授業で基礎・基本を取り入れました。評価は時間ごとによって異なり、関心・意欲・態度、思考・判断、技能、知識・理解の4観点の中から一つもしくは二つ程度盛り込みました。安全確保に関しては、不慮の怪我はあるにせよ授業中に発生する傷病者の割合は減少しました。

最後の壁となったのが、授業規律です。『学び合い』は、語り以外は生徒中心の活動。教師の発声は、声かけ程度。ということは、40分程度生徒のみの活動となります。その日の達成課題を受けてのヨーイ、ドン。あとは、てんでバラバラな動き。生徒に丸投げ、放置の授業なのでは……。慣れるまでに少々時間を要した記憶があります。ただ、今思うことは、子ども一人ひとりの自由な発想が、授業を活性化させる一つの要因となっていることは紛れもない事実となっているということです。

『学び合い』に対して、長者中学校全体に慣れというものが出てきている半面、課題設定、授業展開、語り、どれをとってもいまだに反省の毎日。授業を進めるにあたり、他教科の教員との情報交換や書籍を確認しての手探り状態というのが、恥ずかしながら『学び合い』と出会って4年目の現状です。

成功例

『学び合い』の成功例を紹介したいと思います。

先日、バレーボールの授業で涙を流した生徒がいました。話を聞くと、人生ではじめてサーブが相手コートに入ったとのこと。運動部に所属していますが、体が小柄で決して身体能力が高いとは言えない男子生徒です。手首から肘までのボールとの接触部分が全体的に赤くなり、苦悶の表情を浮かべていたことを覚えています。大部分の生徒が課題を達成しており、時間も終わりに近づいていた、そのときでした。次のような声が聞こえました。「まだ時間があるから頑張ろうぜ」「ボールを当てるポイントをここにするといいよ」「もっと腕を前後に大きく振ってみて」……。

その時間の課題を達成した2～3人の仲間からのアドバイス。以前であれば、自分自身がそのような声かけをしていたことでしょう。そのことによって授業全体から目が離れ、しばしの間対応している生徒と二人だけの空間をつくっていました。

しかし、生徒の中から自然発声的にそのようなことが起こることにより、生徒の人間関係（コミュニケーション能力）の向上にもつながるとともに、教師の活動範囲が広がり、心の余裕が生まれ、より様々な活動に目が行き届くことになるということを日々体感しています。

今回のことは、仲間の励まし、助言等があり達成できたことです。しかし、「一人も見捨てない」「全員で課題達成する」など、何か一つのことを成し遂げるときの集団心理はどうでしょう。「一人くらいできなくったって」「どうせわからないし」などの、半ば投げやりな感覚をもっている生徒も少なからずはいるでしょう。口で言うのは簡単なことですが、実はそこにこそ『学び合い』の醍醐味があるということを痛感しているが故に、その子の流した涙の価値は計りしれないものがあります。

達成感について

さて、一教員として目の前にいる生徒一人ひとりの人としての成長をいかに促すことができるか。そして保健体育という授業を通して、いかに教科の素晴らしさを伝達することができるか。年間を通して、105時間。3年間で315時間という膨大な授業時数をどのように展開するか。授業者として神経を使う部分ですが、それらのことをクリアするために、今まで以上に年間指導計画や単元指導計画を精選し、日々の教材研究に対して真剣に向き合っている最中です。

ただ、『学び合い』という考え方と出会い、生徒一人ひとりの動きと表情を見ていると、わかってきたことがあります。課題設定が不確かで内容が薄いものであると、生徒自身がつまらない授業だと判断し、当然ながら『学び合い』の授業スタイルから遠のいていくのです。それとは逆に、時間ごとの明確な課題設定を提示することで、活動内容が深まり、仲間とのかかわりが密になり、自然と課題達成に向けての他者とのコミュニケーション能力が高まります。そのことによって、生徒一人ひとりの目の輝きに変化が生まれます。そして、「課題を全員で達成しよう」と考えて、行動する生徒が少しずつ自然と増えていくのです。

本校は、すべての教科において『学び合い』を実施しているため、生徒の授業課題の内容を読み取る能力が高く、授業中における生徒の活動を見ていると「自ら意欲的に課題達成に向けて学んでいる生徒」と「授業に参加しているが学ぶことに消極的な生徒」の違いが一目瞭然です。

では、その差の違いは何から生じるのか。それは我々教師自身の、日頃の授業に向けての姿勢にあると感じています。「生徒一人ひとりに達成感を味わわせることができているか？」。常に自分自身が念頭に掲げ、自問自答していることです。

「生徒一人ひとりの達成感あらずして、我々教員の達成感はあらず」。これが今現在の自らの正直な感想です。そして、両者ともに達成感を得るためには、この『学び合い』という考え方を踏まえて、授業者として熟れることが一番の近道であると考えています。

結びに

先日、本校体育館にて上越教育大学より西川純先生はじめ、多数の大学院生の皆さんを招き『学び合い』における拡大校内研が開催されました。2時間目は西川先生による「今後の進路選択」という演題で、全校生徒に向けてグローバルな視点での熱い講演会。3時間目は1年生（理科）、2年生（社会科）、3年生（国語）による異教科の『学び合い』。そして、4時間目は全学年保健体育による異学年の『学び合い』を大学院生のお二方のお力をお借りして実施しました。

授業内容は1年生（実技・バレーボール）、2年生（実習・三角巾を利用しての包帯法）、3年生（保健・性感染症について）とし、それぞれの課題達成を生徒全員が目指すことを求めました。

今回の保健体育における異学年の『学び合い』のお話をいただいたとき、それほど不安を感じることはありませんでした。なぜかと言うと、本校では「自ら学び、考え、行動する生徒の育成―一人も見捨てない集団づくりの実践―」の研究主題のもと、全職員が各教科において『学び合い』の実践を日々重ねているからです。

また、そのことにより教科や学年を越えての授業内容の相談・精選などのコミュニケーションを気軽にとることができる環境が校内に整っていることも、今回の保健体育における異学年の『学び合い』に取り組んでみようという気持ちを後押しした一つの要因になっています。

拡大校内研の翌日、西川先生のブログ「西川純のメモ」を確認してみました。その中で以下のようなコメントがありました。

「私が嬉しかったこと。5教科の座学の異教科『学び合い』ではなく、実技教科の実技すらも一緒に『学び合い』で得ることを証明しました。……そして、それ以上に嬉しかったこと。このような試みを自らやろうとすること。この仲間たちを守り、子どもたちを守るために何ができるか？　考えます」（一部省略）

まだまだできることがあります。誰のために？　そう、すべては目の前にいる生徒のために。そのように再確認させられた瞬間でした。

そして、日々チャレンジ。これからも『学び合い』という考え方を踏まえ、一教員として、熱く精進していこうと考えています。

子どもって、すごい

中村　里美
（若手の英語教師）

『学び合い』との出会い

私が『学び合い』に出会ったのは4年前。それまでは、校内研修として「学びの共同体」に取り組んでいた本校ですが、研修主任の先生が「全員の学力が保証される手法がある」と紹介してくれたことがきっかけです。

参観した授業では、与えられた課題を達成するために活発に学習活動をする生徒たちの姿、達成して次々と黒板に貼られていく名札マグネット……。そして授業終盤、一人の女子生徒がなかなか課題を達成できず、多くの生徒が教えたり応援したりするも結局終われずに、彼女の名札マグネットが一枚ポツンと取り残されてしまったのです。

そのとき私はこう思いました。「なんかかわいそう……できない子にとっては、なんて切ない授業スタイルなんだ」と。

これが、私の『学び合い』に対する率直な第一印象です。しかし今は、自分の目の前の生徒たちに毎時間このように語っています。

「自分だけができないことは、全然恥ずかしいことなんかじゃないよ。わからないことをそのままにしておくことの方が、ずっとずっと恥ずかしいこと。そして、仲間がわからないのに、そのまま放っておくことこそ、とってもかわいそうなこと」

そして、『学び合い』スタート

まずはなんちゃってプチ学び合いから始めました。それは、授業の後半20分程度を生徒に預けて、課題に全員が合格するというものでした。最初のうちは、制限時間内にクラス全員を合格させるという活動に、生徒たちはゲーム感覚で活発に取り組んでいました。でも、本を読み進めるにつれ、『学び合い』は生徒同士が教え合う単純な授業方法ではなく、生徒の「学び」を最大限に高める理論であるということに気付きました。それから、1時間を生徒に任せる『学び合い』に取り組むようになりました。

『学び合い』の存在を知った先生方の最初の質問はこうです。「生徒は、遊ばないの？」

答えは「はい、遊びます」。放っておくと、遊びます。

また、こんな反応も多いです。「うちの生徒は塾に行っている子も少ないし、こんなふうに教え合えないのが目に見えている。長者の生徒だからできるんでしょう?」

答えは、「いいえ、違います。長者の生徒もどこの学校の生徒も基本は同じです」

『学び合い』に限ってのことではないのですが、生徒は生き物です。子どもは子どもです。『学び合い』を進めていく中で、様々な姿を見せてくれます。本に書かれてあるような活発な学びを繰り広げ、教師を感動させるような素晴らしい姿を見せてくれるときもあれば、集中力に欠け、友達としゃべりながらだらだらと課題に向かうときもあります。

ところで私は、「語り」がうまくありません。授業中はいつも、生徒の活動を見ながら「今日の語りはどう言おう。生徒になんと伝えよう」と悩みに悩んだあげく、結局うまく伝えられずに「語り」終了……ということが度々です。

でも、この「語り」をさぼっていると、先述したように、課題に向かえずにおしゃべりを始める生徒、課題達成を諦める生徒がどんどん増えていきます。セオリー通りに子どもが動いてくれないときに、私はいつも理論に立ち返ります。本を読み返して、こんなふうに振り返ります。

「最近、この子たちにちゃんと語っていたかな？」「この子たちの学びがうまくいっていないからって、目を尖らせてこの行動はダメ、あの行動はダメって説教ばかりしていなかったかな？」「このクラスはやっぱりダメだ……と生徒のせいにして、生徒の力を信じていない発言をしていたのではないかな？」「最近あまりほめていなかったのではないかな？」

そして次の授業で、子どもたちを信じてこう語ります。

「キミたちならできる」と。そして頑張っている子を大いにほめます。

『学び合い』は、授業の進め方や指導方法ではなく、生徒がどれだけ有能なのかに教師が気付き、それを最大限に引き出すために用いる手法です。

その手法を「語り」にしっかりとこめると、生徒は実に生き生きと活動し、仲間とかかわり、いろんなことを学びます。

「先生にもっと教えてほしい……」

『学び合い』にも慣れてきて、課題の難易度が上がってくるとこんなコメントが聞かれます。「先生にもっと文法とか正しい発音を教えてほしい」。こんなときは、子どもたちの学びをさらにレベルアップさせるための絶好のチャンスだと考えます。そして私たち教師はここでさらに語るのです。

「キミたちならできる。このクラスの全員が自分にできることを最大限に発揮すれば、必ず乗り越えられる」と。

でも私は、実は数回試しに「一斉授業」を行ってみたことがあります。結果はこうです。

「1時間、もたない……」

開始数分で、気付かされるのです。この生徒、聞いているふりをして聞いてない。この子、絶対わかっていない。この子、退屈している……。私自身、悲しくなり、そわそわしてしまい1時間もたないのです。そして思うのです。

『学び合い』に出会う前の私は、こんな授業を生徒に押しつけていたんだなと。

教師が何もしないなんて……

全国中学校英語研究大会が東北で行われることになり、本校が実践している『学び合い』について発表することになりました。地区の検討会でのことです。

発表が終わった後、聞いてくださっていた地区でも有名な大ベテランの先生が一言。

「なんだか腹立たしくなっちゃったわー。教師が何も教えないなんて」

そのお気持ち、とってもよくわかります。その先生は、様々なノウハウや指導方法をふんだんにもっていらっしゃる先生で、生徒に力をつけさせることで有名な先生です。でも、私は今こう思います。英語教師として生徒に身に付けさせたい力を課題にどのように盛り込むかが、教師の役割であり専門性だと。

『学び合い』に挑戦し4年目になりますが、課題設定についていつも悩みます。むしろ、『学び合い』初心者だった頃よりも今の方が悩みます。生徒にどのような力をどこまで、どのようにつけさせたいか、またどのような通り道でつけさせたいのか、それをすべて盛り込んだ課題設定がしたい。『学び合い』の授業では、課題設定に教師の教材観や指導観が表れてくるものだと思っています。そして、生徒の学習の様子やテストでの定着度を見て、その課題が果たして適切だったかどうか、また考えます。

さらに教科の指導観に加え、生徒に身に付けさせたい人間力についても考えるわけです。だから私は、『学び合い』では教師は何もしないのではなく、これら教師として最大の役割をしっかり果たさないことには、『学び合い』は成立しないと考えています。こういった日々の自分自身の『学び合い』実践を通し、自分は教師としてまだまだなんだな……と気付かされる毎日なのです。

私自身も『学び合い』

私にとって最大の強みは、他の英語科教員や他教科教員と、様々な悩みや疑問を共有できるということです。学年が違っても、教科が違っても、教材観が違っても、同じ理念をもとに、生徒の将来の姿を同じように夢見て日々実践している先生方との雑談には、とても元気づけられます。

特に、合同『学び合い』の時間。生徒たちもそれぞれの課題を共有しますが、私たち教師も課題を共有します。他学年とかかわりながら頼もしく活動していく生徒たちの姿を見ながら、逆に、うまくいっていない場合はその生徒たちの様子を見ながら、課題の難易度、テストや次時との系統性、語りの工夫などについてあれこれと話すことができます。

生徒たちが先輩から助けてもらったり、学習活動のヒントをもらったりするのと同じように、私自身も先輩教員からヒントをもらうことができます。そうして、ちょっとずつ改善に改善を加えて、無理せず、気負わず、今まで続けてこられました。

「定期テストで全員が50点以上取れるように、全員で工夫して学ぼう」という最終達成目標を掲げ、日々の課題に取り組ませています。

しかし実際は、この最大なる達成目標をそう簡単には達成してくれないのが現状です。生徒の力を信じ、「いつかみんなで達成して喜びたいね」と言いながら毎時間の授業を見守っています。

11月に業者による学力診断テスト（本校通称実力テスト）を行いました。そのときの結果は、学年一〇六人中50点未満の生徒は三名、というところまできました。中には学習障害を抱えている生徒もいるのが実情ですが、それでも生徒たちは、その子がいつか達成できることを信じて、あの手この手で教え続けています。そういう子どもたちを見て、私も負けじと語ります。

「キミたち、すごいね！　いつか必ず全員で50点以上を取って喜べる日がくる。諦めないぞー」

私自身、教師としてとてもいいタイミングでこの『学び合い』に出会えたことをありがたく思っています。

がむしゃらに教育本や研修会で知った指導法を真似ていた二十代の頃、自分の指導スタイルが確立して少し自信のついてきた三十代前半、そして『学び合い』との出会いにより、「中学生のこと、学びのこと、わかっていたつもりで、本当はわかっていなかった」ということに気付かせてもらった現在。

子どもってこんなにできるんだ、子どもを信じて語り、どんどん任せると、こんなに生き生きと、自分たちでいろんなことをやり始めるんだ、と。英語の授業だけではなく、特活でも行事でも、子どもたちはどんどん動きます。どんどん発言します。どんどんクラスの絆を深めます。それを実感する毎日です。

「子どもって、すごい」

『学び合い』は教科指導×生徒指導×特別活動である

後藤　武志
（中堅の社会科教師）

生徒にとって「わかる」教科指導

教科指導をする際に、そのクラスの雰囲気や個々の生徒のやる気のあるなしは結構切実な問題です。

一斉授業をすると、そのときのクラスの状態によってうまくいったと感じたり、逆に手ごたえを感じず、終わった後に（生徒も教師も）ぐったりとしたりすることがあります。すごく盛り上がって、今日はいい授業ができたと思っても、テストになると定着せずがっかりすることも多いのが現実の姿だったりします。

これまでは、教材研究を自分なりに一生懸命にやり、自信をもって生徒の前に立とうと常に心を砕いてきましたが、現実にはその時間で本当に生徒がわかっていたかという視点が足りず、極論をいえば自己満足の範疇で授業を展開し、生徒の現実によって打ちのめされることも多かったと感じます。

授業のスタイルを『学び合い』に変えることで、私のそうした狭い視野が大きく変わったことが自分の中での最大の収穫だと言えます。

第一に、何をもって生徒が「わかった」と言えばよいかが、指導者の視点で明確になったことです。目の前にいるすべての生徒が教材に立ち向かい、言葉を使ったり、図で表現したり、議論をしたりして、授業中に生徒一人ひとりが頭と体をフルに活用して、「できた」ときの表情や自信あふれる姿を見ることができるようになったからです。

今日の授業で、ある女子生徒が、「先生、私、点数が取れるようになった。本当はできる子だった」と嬉しそうに授業中に語りかけてくれました。その子は覚えることが苦手で、(『学び合い』の授業中も) 同じような子たちで集まり、関係のない話などで時間をつぶすような生徒でした。クラスの仲間がその生徒に粘り強くかかわって、その子自身も自分の将来のこと考えたり、自分の可能性を信じたりすることで、徐々に気持ちが変化していったのでしょう。クラスの平均点にも徐々にそれが表れています。

そのクラスの1次考査の平均点は61.1点からスタートしましたが、11月の4次考査では

72.5点まで上昇しました。さらに標準偏差も最大で26.4あったものが、18.6まで縮めることができました。

一人の力では無理だったかもしれません。互いに励まし合ったり、問題を出したり、わからないことを聞き合ったりする姿が、教室のいろんなところで見られるようになりました。本来、生徒はみんな「わかりたい」という気持ちをもって授業に臨んでいます。その気持ちを阻むのは、教科書の語句の意味がわからないとか、教師の発問の意味が理解できないとか、実は教師が思ってもみないところに原因がある場合が多いのです。自分はできないという自己肯定感の低い生徒は、そもそも教科書の字が目には見えても頭に入ってきません。教室にいる一人ひとりが「わかった」と言えるように、集団の力で課題に立ち向かうために、背中を押すのが教師の姿であると思えるようになりました。

授業を通じた生徒理解

これも今日の授業で起こったことですが、毎回の課題がなかなか終わらず、学級全体としての満足感が低いクラスがあります。テストの平均点も当然芳しくなく、そんな中で席替えがあり、新たなグループで生徒たちが活動を始めました。ところが時間がすぎると、あるグループが課題をほとんど進めずに、関係ない話題で盛り上がっていることがすぐにわかりました。

あえて「失敗させる」ことも必要だと感じましたが、学級としての課題を彼ら自身も十分に認識しており、成績のよい生徒たちがグループにいることから、活動を止め臨時で「語り」を入れました。全員がわかるとはどういうことか、クラスの人（友達ということではない）との対話的なアプローチで、他者と折り合いをつけながら理解を深めることの意味、『学び合い』が成功しないのが実は教材が問題なのではなく、わかるまでクラスの人同士で課題に立ち向かっていないからだということを、少し強めに語りかけました。関係のない話で盛り上がっていた生徒の中に、うなずきながら話を聞いてくれる子がいました。「語り」の後、その生徒は違う生徒の場所に移動し、積極的に説明を始めました。

授業は生徒指導であると言いますが、生徒の動きを眺め、励まし、厳しい目を注ぎながら、全員が「わかった」「満足した」と言えるような活動に結びついているかを常に意識するようになりました。本校では、課題が達成できたら名前を書いたマグネットを「できた」の枠に貼ることにしていますが、毎回全員ができているわけではありません。むしろそこに行き着く過程で生徒がどのような学びをしているかに注目しています。

集団の力で課題を乗り越える

自分とは異なる他者の考え方を聞いたり認めたりすることや、全員が課題を達成するために一人ひとりがどのような働きかけをすればよいのかを生徒に問う場面が、必然的に多くなりました。教師によるコントロールではなく、生徒全員が他を思いやり、最後の一人まで見届けようと呼びかけます。

全員が感化されずとも、私の言葉を大切にしてくれる生徒がどのクラスにもいます。その生徒が実直に動くことで、生徒たちが一つになったと感じる瞬間があります。これは一斉授業では決してできません。教師がコントロールしないという批判がありますが、それは1時間の中での教師の役割や生徒の動きを見ていないからです。教師はファシリテーターとして、全体の流れがスムーズにいくよう、常に心を砕いています。

『学び合い』の考え方を教科指導だけでなく、授業を中心とした生徒指導や集団づくりに生かしていくことは、教員同士の意思疎通にもよい作用をもたらします。

例えば、校内研では、教科は異なっていても同じ視点で協議を深めることができます。また、自分の担当する教科ではあまりパッとしない生徒も、違う教科では生き生きとした顔をしていて、新たな生徒理解につながることがあります。他教科で生徒の動きに問題があり、そのことで指導があった場合は、それを受けて生徒の活動に刺激を与えることができます。チームとして、学年スタッフが教科指導に当たることができるのは『学び合い』の大きなメリットです。

『学び合い』を実践していくと生徒の気質にも変化が生まれます。小集団でのグループ討議を行うと、活発に話し合いをしているように見えても実はキャスティングボートを握っているのは一部の生徒で、全員が話し合いに参加していなかったということは、一人ひとりの様子を詳細に観察すると、結構な確率で発見することができます。

ある公開授業を参観したときに、四人で話し合いをする場面に出会いました。主に話し合いをリードするのは二人の生徒で、一人の生徒は全く言葉を発することはありませんでした。その後の協議で授業者は、その子は極端に学力が低い生徒だから仕方がないという趣旨の発言をしていました。さらに指導助言した先生も「みんなが思考しているよい授業だった」と称賛の言葉を贈っていました。話し合いの時間、その生徒はどのような思いだったでしょう。

私が担当するクラスの生徒にも極端に学力が低い生徒がいます。その生徒は活動する時間中、何度でも教師に食いついてきます。『学び合い』は生徒同士の課題解決を求めるので、その思いをクラスの人にぶつけるように助言すると、そのまま後ろに座っている生徒に自分はこう考えているということを一生懸命に伝え始めます。学習したことのすべてを理解することは難しいかもしれません。しかし、この生徒にとって自分の言葉で伝え続けること自体が、自分が授業に参加していることを実感する瞬間に違いないのです。実際にこの生徒は3年生のテストで今まで取ったことのない点数を取ったと私に嬉しそうに教えてくれました。

生徒の理解の度合いには差があります。しかしすべての生徒が与えられた時間の中で、全力で課題に立ち向かい、自分のもっている力で課題を解決しようと努力することはできます。その機会を与えるか奪うかは指導者の教材理解、生徒理解にかかっています。『学び合い』はその環境を整える絶好の機会であると考えます。

教員人生折り返し地点でのめぐり合い

窪田　麻記
（中堅の英語教師）

教員生活20年目に出会った『学び合い』

転勤してすぐ、この学校が『学び合い』に取り組むことになっていると聞き、研修主任の授業を真似たり本を読んだりしながら、手探りで『学び合い』に取り組んでから4年が経とうとしています。４年前はちょうど私にとって、教科指導について自分なりのスタイルを確立しつつありながらも、それと同時に「これでいいのだろうか」と感じることも多くなっていた時期でした。

その理由の一つは疲労感です。必ずというわけではありませんが、英語の授業と言えばやはり「わくわく感」「スピード感」「どれだけ多くドリルをさせられるか」という要素が求められていると感じ、多くの活動やワークシートを準備するとともに、自分自身も笑顔と大きな声で元気よく生徒を引っ張っていくことを心がけていました。

しかし、一つ授業を終える度にへとへとになり、家に帰ってからは抜け殻のようになっていました。生徒の活動量を増やしていたつもりでも、やはり教師である自分自身の活動量が上回っていたような気がします。

もう一つは、生徒の教師依存です。おかげさまで、それまでの教科の運営において大きな問題がなかったことや生徒たちの目に見える学力が向上していたため、卒業生やその保護者の方々から「先生の授業がよかった」と言っていただくこともありました。

光栄なことと感じながらも、生徒たちが高校での授業になじめなかったり、中学生の頃の授業を高校に求めたりしていることに残念な思いもありました。誰のどんな授業でも、自分の目標に向かって主体的に学習できる生徒を育てるにはどうしたらいいのだろうか、と漠然と考えていたことを思い出します。

生徒指導問題でも教師依存を感じていました。友達同士のトラブルなど、困難に出くわしたときに生徒が「先生どうにかしてください」と訴えてきます。学年で問題行動を起こす仲間がいても、生徒は教師に苦情を言うだけで解決を図るのは教師のみ。学校内の問題を解決するのはすべて教師の仕事であると、生徒だけでなく教師も思いこんでいることに違和感がありました。

そのような中でこの『学び合い』の考え方に出会ったのは、私にとってはベストタイミングだったと思います。今挙げた二つのことについて解消できるからです。

『学び合い』が解決してくれたこと

疲労感について言えば、以前の私の授業スタイルは、この先10年以上続けられるものではなかったと思います。生徒たちのために「やってあげている感」たっぷりに授業をし、準備すればするほど、期待と違う反応を示す生徒に悩まされる、というように、肉体的にも精神的にも疲労し、自分のスタイルが確立すればするほど生徒との距離感も大きくなっていたことでしょう。

『学び合い』では、肉体疲労が大きく軽減される上に、毎時間毎時間生徒の選択する行動から感動をもらえるという精神的満足感をも得られます。もちろん教師が教えないから疲れない、ということではありません。間接的に生徒の学びを導くにあたって、教師自身の研修は欠かせません。常に学び続ける姿勢を見せなければ生徒はついてきませんので、様々な書物を読んだり、休日に校外の研修に参加したりすることで自分を磨く努力をしようと思えるようにもなりました。

教師依存の問題については、『学び合い』で自力解決を求め続け、教師が極力「指導」という名の邪魔をしないことで、生徒たちが教師とのつながりよりも仲間とのつながりを強く深くするので、生徒の教師や大人に依存する習慣はどんどんなくなります。数学で困ったらA君、社会で困ったらBさん、トラブルメーカーのC君を説得するのはD君など、生徒たちの間に「専門家」が生まれます。そしてこれらの専門性は、どれをとっても教師には真似できないほどの高いレベルであることは感動ものです。

今では、将来生徒たちがどんな教師に出会っても、どんな上司と働くことになっても、どんな人とチームを組むことになっても、特定の人に解決を求めるのではなく、周囲と協力しながら主体的に問題を乗り越えていけると信じています。

学級の力と学力

授業を『学び合い』の考え方で進めていくと、学級経営も同様になります。私の学級経営の大きな変化は道徳から始まりました。教科の『学び合い』が軌道に乗ってきたときに、従来型の道徳の授業を息苦しく感じるようになりました。

もちろん私の力不足が原因ですが、生徒が私の求める答えを書こうとすること、間違った答えを言いたくないばかりに発言をしないこと、そして何よりも寝る生徒が出てしまうこと。そこで私は思い切って道徳も『学び合い』で行うことにしたのです。

するとこれまでと百八十度変わって、生徒たちは自分から資料を真剣に読み、考えがまとまると立ち上がって仲間に話しに行くようになりました。もし仲間に反論されると必死で考えてそれに応えます。自分の意見を伝えること、相手の考えに節度をもって反論することが当たり前になるとともに、反論によって自分を否定されたと感じたり、ケンカを売られたと感じたりすることなく、議論を楽しむようになったのです。

この積み重ねにより、生徒たちは教科の『学び合い』でも相手のためになることをよりはっきりと伝えられるようになりました。

「この前約束したよね。ワークここまでやってくるって。なぜやらなかったの?」「ねえ、本当にわかったの? じゃあ、この問題もやってみてよ」と、仲間に「自ら学ぶ力」と「確かな学力」を身に付けさせようと、さらに本気でかかわってくれるようになったのです。

こうして、安心して自分の思いを言い合えるようになった学級に新たな変化が訪れました。学力です。

まずは実力テストと呼ばれる入試の模擬テストの得点です。年度初回の5教科学級平均点は本校の学年平均よりも6.8点上回っているだけでしたが、2回目は16.6点の上回りとなったのです。

その後も15点、12点と学年平均を上回りました。次に他校の先生方との情報交換をもとに、市内トップの学校平均点と学級平均点を比べてみました。初回は59.2点も下回っていましたが、2回目は36.4点、3回目は21.7点と差を縮め出したのです。

英語については初回の学級平均点は、市内トップ校の平均点よりも6.9点下回っていましたが、2回目は0.2点、3回目は1.4点上回るようになりました。英語の学年平均点もトップ校に比べると、初回は8.4点下回っていましたが2回目6.1点、3回目3.1点と差を縮めていきました。生徒主体で学級が運営され、学級の力が高まると学力によい影響が出るのだということを学びました。

学級経営が学力に影響を与えるということは、よい意味でも悪い意味でも起こりうるので学級担任の責任は大きいですし、プレッシャーも感じます。しかし『学び合い』の考え方での生活が浸透すると、教師の願いと学級の生徒たちの願いが一致してきます。つまり、教師の一番の相談相手であり一番信頼できる仲間が生徒たちだということになるのです。

「今日帰りの会で話そうかな～」とふと思ったことを、先に室長が学級に話している。「最近うまくいっていない原因はあれかな？」と考えていると、生徒が「先生、あの原因は○○だと思うんですが」と私と同じことを言う。このような不思議なシンクロが起こる度に、私は大きな責任を背負っているというより、生徒と一緒に大きな夢に向かっているんだという気持ちが強まり、勇気が湧いてくるのです。

教科や学級を越える『学び合い』の考え方

さて、『学び合い』の考え方は、教科や学級経営にとどまりません。学年の方向性にもよい影響を与えました。私は三十代半ばから、学年のリーダーたちで組織される委員会を担当することが増えました。この委員会のあり方は学年の全生徒に影響を与えるので、学年経営にかかわる重要な役割を担当しているという緊張感がありました。

私は『学び合い』と出会ってから、生徒たちがどこまで自分たちの力で学年を運営できるのだろうかと考えるようになりました。そして生徒に任せる活動や行事を増やす度に、生徒同士がお互いに与え合う影響力の大きさは、教師の影響力を超えるものであると気付きました。そんな姿を見ると、ますます生徒たちにいろいろなことを任せたくなります。

そのうち生徒は「教師がつくった目標や計画を実行する」のレベルから「生徒たち自身が目標や計画を立てて実行する」というレベルを目指すようになり、自立して学年を運営してくれるようになりました。

入学して最初に行った取り組みは「身だしなみのルール決め」でした。リーダーたちは「身だしなみ」の意味を理解してから、学年独自の身だしなみルールを話し合って決めました。幸い学校では明記された細かいルールが存在していなかったため、自分たちが本当に納得できるルールを作ることができました。自分たちで決めたことですから、さわやかな身だしなみをキープするプロジェクトも自発的に行ってくれるので、頭髪や服装について教師が指導することは3年間ありませんでした。

3年生では修学旅行があります。修学旅行は安全面のこともあるので、生徒たちに任せることにはとても慎重になりましたが、すべてリーダーたちを中心に運営することができました。旅程の細かな時刻設定、事前準備、ルールづくりなどを生徒たちに任せ、新幹線の乗車隊形づくりも練習も生徒たちだけで行いました。旅行中も教師が前に立つことはほぼありません。実行委員長を中心に旅行を進め、途中で問題が起こったときには、窮屈なスケジュールの合間にリーダーたちが集まって相談し、なぜそのようなことが起こったのかを考えてから次の日程に進んでいきます。

彼らにとっての修学旅行は「先生に連れて行ってもらえるお楽しみ行事」ではなく、あくまでも「これまでの自分たちの力を試す行事」であったはずです。たくさんの失敗と課題を抱えて帰校したことで、生徒たちは自然に次の目標を見つけることができたと思います。行事は無事終わることが成功なのではなく、次につながる課題を見つけられることが本当の意味での成功なのだと、生徒たちの姿から気付かされました。教師主導・一斉指導・トップダウンが主流の学校内社会においては、教師がリーダーをコントロールし、そのリーダーたちが小さな教師となって、その他の生徒を「指導」するというスタイルの「主体的風活動」でとどまることがほとんどです。

しかしながら『学び合い』を全校体制で取り組むこの学校においては、多くの授業がこの考えに基づいて行われているため、この委員会も同じポリシーで運営することができたのだと思います。

私にとっての新しい教師像

何事も生徒たちの力で行うということには、失敗がつきものです。私たち教師は、なるべく失敗をさせずに効率よく学ばせる教育的技術を身に付けてきました。しかし、私は『学び合い』の考え方の学校で生徒を育てる経験を通して、命にかかわらない限り、おおらかに失敗を経験させることの重要性に気付きました。

教師から与えられたものについて生徒は責任をとろうとはしませんが、自分たちで考えて自分たちで選んだことには責任をとろうとします。当たり前と言えば当たり前です。その中で私は、教師とは理想や夢を語りつつ、アドバイザーやコーディネーターとして生徒たちをサポートする存在であるべきなのではないかと考えるようになりました。

生徒たちは毎時間の授業を通して「一人も見捨てない」ことを繰り返し求められているので、全員にとって居心地のよい学年づくりは、教師の仕事というよりは、自分たちの仕事であると感じてくれます。主体的に問題を解決する生徒を育てるためには、学校で一番長い時間を過ごす授業で主体性を育てること、学校全体で取り組むことが不可欠だと強く感じています。

『学び合い』との出会い

（数学から『学び合い』にトライした技術科教師）

青山　浩太郎

とりあえずやってみよう

私の所持免許は技術です。しかし、ほとんどの学校では授業時数の関係で技術以外の教科を受けもつことが多いです。今まで、中学校1年生の理科を受けもつことが多かったのですが、なぜか本校に赴任したときから数学のＴＴを受けもつことになり、「まあ、ＴＴだからいいか」という軽い気持ちで主担当の先生の補助をしていました。

本校の校内研では『学び合い』で授業をやることになっていたのですが、さっぱりやり方がわからなかった私にとって、見よう見まねで『学び合い』もどきのような授業を1年に1回ほどしかやっていませんでした。

そして突然、その日はやってきました。ついに平成27年度からは単独で1クラスの数学を受けもつことになったのです。これからの授業を一人でどう進めればよいのか迷っているときに上越教育大学への研修を命じられました。

「なぜ私が……」という気持ちもありましたが、これは何かの運命だと思い、本校にいる間は本気で『学び合い』をやってみようと思ったのが始まりです。まずは本校の研修コーナーに置いてある本を読み、『学び合い』でやるべき基本的な内容を頭に入れました。上越の研修では、既に多くの実践を積んでいる先生方の授業を参観させていただき、理解を深めることができました。学校に戻りいざ本格的に『学び合い』スタートです。

1年目、数学での『学び合い』

小学校から上がってきた生徒に対して、本校では『学び合い』という形式で授業を進めるんだと宣言し、大まかなやり方を説明してからスタートしました。

最初の部分は簡単な課題ばかりだったので、毎時間のように全員が課題達成を繰り返していました。やがて生徒にも悪い意味での慣れが生まれ、他の教科の課題をこっそりやったり、仲間と授業とは関係のない話をし始める生徒が現れ始めました。今までの私であれば間違いなく大声を張り上げて怒っていたのですが、上越で見てきた先生方の授業の様子を思い出し、本に書いてある通りに「語り」に徹しました。

しばらくの間はこのようなやり取りが続きましたが、1カ月ほどたった頃に生徒からは授業に関係のある数学の話しか聞こえてこないようになりました。また、当初はこのクラスで学力が高い生徒が誰ともかかわらずに自分のペースで学習を進めていたのですが、徐々に自分の力が人の役に立つことに気付いてくれたおかげで、授業の進むスピードも徐々にアップしていきました。

定期的に確認テストのようなものをやるのですが、そちらのできもこちらが狙っているレベルを上回るようになりました。下位の生徒に個別指導をするために昼休み時間などに教室に行くと、中位から上位の生徒が寄ってきて、下位の生徒に教えてくれるようになりました。私が問題を出してやるとこれらの下位の生徒は見事に正解することができます。

学年が体育館で遊ぶことができる日は体育館で個別指導をするのですが、下位の生徒のまわりにはボール遊びをやめて、当該クラスの生徒だけではなく、他のクラスの生徒が寄ってきて、教えてくれます。教える人はやりがいをもって教え、教わる人は素直な気持ちで教わるといったよい流れが確立し、数学の力は飛躍的に伸びていきました。業者のテストをやらせても平均点は65点から75点を下回らなくなり、標準学力検査の偏差値も59.7という結果で1年を終えることができました。

これからの課題としては各種テストを行うと度数分布の山が二つできてしまっていることが挙げられます。この課題を解決するために「語り」の工夫をしたり、課題設定の工夫をしているところです。小学校時代のＮＲＴの結果を見ると過去10年ぐらいの偏差値が一番低い（中学校入学時数学偏差値：54.1）生徒でしたが、この数値を約５点上げることができたのは生徒たちが人とのかかわりの大切さに気付けたからだと思います。私自身も生徒を信じることにより様々な可能性があることを学びました。

技術・家庭での『学び合い』

前述しましたが、私の所持免許は技術です。以前、西川先生が本校を訪れた際に技術という教科のデータ提示を忘れられていたくらい、技術で『学び合い』に取り組んでいる先生は少ないと思います。

本校に転任してきた当初は一斉授業とグループ学習を中心に進めていました。1年に1回だけ校内研修の公開授業で『学び合い』の授業を行う程度でした。数学を単独で１クラス受けもつようになった平成27年度から、どうせなら技術も『学び合い』でやってみようと決意しました。生徒は数学や英語の教科で『学び合い』にはある程度慣れていたので、すんなりとスタートすることができました。

今までは私が歩く教科書だというつもりで、生徒に細かく丁寧に実技指導を行ってきましたが、実はなかなか技能面での成果が出ないことが悩みでした。『学び合い』を始めてみると生徒は教科書に書いてあることをよく読み忠実に再現しようと頑張ります。できない生徒にはできるようになるまで、まわりの生徒が手取り足取り教えてあげます。

するとおもしろいことが起こりました。前年度までの実技テストである「切断の直角度テスト」の点数が三割伸びました。これはまぐれだ、たまたまだと思ったのですが、今年度もまた同じような結果でした。どうやらまぐれではないようです。そして作品を完成する時期が飛躍的に早くなり、もう一つの題材に取り組んだり、パソコン学習に早く入れるようになりました。技術という教科では安全面での指導も大切です。それさえ押さえておけば、あとは生徒が授業を進めることができます。

平成27年度から始めた『学び合い』の授業を受けた生徒も2年生となり、学習内容も情報やエネルギー変換の分野になりましたが、パソコン学習では3年生の内容に追いつきそうなぐらいのスピードで進んでいます。電気分野の工作でもたくさんの仲間とコミュニケーションをとることにより、ミスをする生徒の数が大幅に減りました。

技術・家庭科では、これからの流れとして、自分たちで課題を見つけ、仲間でそれを解決していくという授業スタイルになるようです。現在の私の授業では課題をこちらから与えているのが現状ですが、3年間『学び合い』のスタイルで授業を行うことにより、自分たちで課題を見つけることができる生徒になれるような気がします。

2年目、数学での『学び合い』

現在2年生の担任をしていますが、1クラス四十名で、身動きがとりづらい状態です。そのため、数学の授業はこの1クラスを半分に分け、二人の教師で半分ずつ受けもっています。既に1年間『学び合い』で慣れている生徒ですので、何も問題なくスタートできましたが、やはりよくない『学び合い』をしてきた生徒がよくない空気を出します。しかし、その生徒をよい『学び合い』をしてきた生徒が、よい方向へ導いてくれます。数学が好きな教科の一つになった生徒も増えたようで、数学検定を受検してみたいという申し出が生徒から出るようになりました。授業の課題を早々に終え、苦手な生徒を助けつつ、自分の数学検定合格に向けてテキストを開いて仲間と学んでいる光景が見られます。しかし、私語は全くと言っていいほどありません。聞こえてくるのは数学の話だけです。

現在数学を受けもっているクラスには様々な理由で授業に参加できなくなりつつある生徒が二名います。これでは全員が課題を達成するという目標がいつまで経っても果たせません。今年度中に生徒の力でこの課題が解決できれば、来年度の高校受験では全員で志望校に合格という壮大な目標が達成できるよう語り続けようと思います。

感じていること

現在在籍している生徒は幸い『学び合い』に慣れている生徒ばかりです。だから、「はいどうぞ」というこちらからの投げかけに対して生徒は反応し、頑張って取り組んでくれます。この恵まれた環境を整えるためには、先生方が『学び合い』や生徒の動きについての話を職員室でたくさんすることが大切だと思います。「今日の授業では○○さんがこんないい動きをしていましたよ」とか「今日は○○さんが仲間とかかわっていませんでしたよ」というやり取りです。

さらにこの話を聞いた担任の先生は短学活等で生徒をほめたり励ましたりすることができるのです。また、本校では定期的に全員が『学び合い』の授業を見せ合い、放課後にこれについて議論するといった取り組みも行っています。これにより、自分の授業の改善点や他教科から学ぶことが見つかり、すっきりすることもあります。以上のようなシステムが本校ではある程度構築されているので、私のような素人でもすんなり『学び合い』をスタートさせることができたと思います。

一方でこの頃こんなことをよく考えるようになりました。私たちには定期人事異動があります。本校で当たり前のようにできていた『学び合い』が当たり前ではなくなります。管理職やまわりの教員、新たな生徒、保護者や地域の方の理解を得られるまでに時間がかかると思います。どんな教育にも信頼関係が大切です。だからこそ『学び合い』を新たに始めるのには中学校1年生が大事だと思います。私も中学校1年生の数学、技術をきっかけによいスタートを切ることができました。

新たな気持ちで中学校に入学してきた生徒に対して、なぜ『学び合い』なのかを説明するチャンスが中学校1年時には確保されています。中学校1年生できちんとした『学び合い』をして結果を出すことにより、様々な方からの信頼と理解が得られると思います。この流れを大切に3年間で人ときちんとかかわることができる生徒を育てることが私たちの仕事だと思います。

やってみなければ、何もわからない！

（途中から長者中学校に異動した数学教師）

作山　勝浩

『学び合い』との出会い

『学び合い』に出会ったのは、４年前になります。前任校に勤務していたときに、この長者中学校で行われた八戸市中学校教育研究大会に参加し、西川先生の講演を聞いたときでした。講演会の中で、『学び合い』の授業の映像を見たとき、大きな衝撃を受けたのです。

「教師が一切説明をしない！」

教師は、課題を与えたらあとは黙って見ています。子どもたちは解決のために、教卓に置いてある指導書を読んだり、教室を動き回って相談したりしていて、自習のようだけれど、生徒は自由なのです。今までに見たことも聞いたこともないスタイルの授業で、そのときは「本当に生徒だけでできるのか？」と大きな疑問を抱いていました。研修を聞いていた先生方も同じく衝撃を受けていたようで、「自分は絶対にやらないだろう」と感じながら研修を終えた記憶があります。

そして、次の年にこの長者中学校への勤務が決まりました。「あの学校かっ!!」。研修会で衝撃を受けた記憶が蘇ってきました。最初の会議で、研修主任から『学び合い』の話を聞き、「一人も見捨てない」ということに共感はしました。しかし、「教師は教えない」という点にやはり大きな疑問を感じ、「子どもたちだけでできるわけがない」と赴任してきたときは思っていました。

それまでの私は、向山型の授業スタイルが好きで、10年以上自分なりに学習し、実践していました。「一時に一事」など子どもを動かす原理・原則を意識し、細かい指示と発問で授業を組み立てていく手法です。一斉に音読するなど「全員が参加できる授業」を目指し、発問や指示を毎時間考えたものでした。「全員」がそろって授業が進むところに一体感とやりがいを感じており、自分自身も一番安心して授業ができていたのです。二十代のときに授業がうまくいかず苦労し、このままではいけないと感じて、見つけ出したのがこの向山型の授業スタイル。繰り返して繰り返して、ようやく身に付いてきたものでした。

「このスタイルが自分のやり方だ」という強い思いがあり、『学び合い』に本格的に挑戦してみようと思えず、なかなか自分の授業を変えることができませんでした。これが1年目の自分自身です。普段の授業はもちろん、校内研修や指導課訪問のときも自分が最初に教えて、その後に子どもたちに考えさせていました。できたらマグネットを動かす「可視化」は、誰ができていないかがすぐにわかるので、この方法だけは授業に取り入れましたが、長者中の1年目は、「今までの実践＋20分の生徒同士の交流」。生徒もそれなりに意欲的に取り組んでいたので、「これでいい‼」と考えていたのです。

大きな転機

長者中2年目。私自身に大きな転機が訪れました。前任校が一緒で、生徒の動かし方がとても上手な英語のK先生と同じ学年になったのです。K先生は、前任校にいたときに「立志式」を生徒の力だけでつくり上げる学年集団を築いていました。「生徒の力でこんなに素晴らしい行事ができるのか」と感じさせてくれた尊敬する先生です。K先生も1年前から実践されていたので、この『学び合い』についてたくさん議論をしました。私が1年間全く実践してこなかったこと、「教師が教えずに本当にできるのか」という疑問などすべて話してみました。

真剣に話を聞いてくれたK先生は、「まず、やってみたら？　やらなきゃ、わからないよ」とアドバイスをもらい、今までの授業スタイルが捨てきれず悩みに悩んでいましたが、思い切って『学び合い』に挑戦してみることにしました。これが2年目のスタートです。最初の数時間は、とても不安でした。「教えずに生徒だけで本当に解決できるのか？」。生徒がわからずに悩んでいるとすぐに声をかけ、教えようとしていました。

私が迷っているのは生徒にも伝わっているようで、「先生が教えてください」という生徒もおり「一斉授業に戻した方がいいのだろうか」と考えたこともありました。悩む度にK先生に相談したり、研修主任が準備してくれた西川先生の本を読んで、方針を変えず実践を続けていきました。

『学び合い』で教師がすることは、①課題の準備、②学習環境の整備、③始めと終わりの語りの三つであると本に書かれており、特にこの三つを意識して授業に臨むようにしました。生徒がうまく活動できないときは、たいてい課題設定があいまいだったり、生徒にふさわしくないときだとわかってきました。今までの一斉授業を行ってきた自分のねらいが甘く、いかにあいまいなものだったのか、『学び合い』に挑戦してはじめて気が付いたのです。「生徒にどういう力をつけたいのか？」を毎時間の課題づくりで考えるようになりました。そして、実践を始めて約1カ月。生徒におもしろい変化が現れてきたのです。

生徒の変化

それは、予習をする生徒が出てきたことです。それも一人、二人ではありません。課題スタートとともに課題の丸付けを行い、達成したら苦手な生徒やわからないで悩んでいる人を探して教えに行くようになってきたのです。

予習をしてくる生徒が多いほど、教えに行ける人も増え、全員達成につながると生徒自身が気付いたのです。今まで私が行ってきた一斉授業では、予習をしてくる生徒はほとんどいませんでした。自分だけが理解すればいい授業なら、予習はいりません。しかし、一人も見捨てず全員達成を目指すのが『学び合い』です。全員ができるようにならなければいけません。予習をする生徒は「学級のみんなに教える」という思いから予習をしているのです。

「先生、次の課題は？」と聞きに来る生徒が増えたことは、大変嬉しい変化で、私自身も数時間先の課題を準備する必要が出てきました。恥ずかしい話ですが、一斉授業を行っていたときは、次の日の授業の準備を前日に行うことが当たり前でした。しかし、それでは生徒の学ぶスピードについていけず、逆に生徒に催促されるのです。

週末に、次の週の授業の課題を準備するようになるなど私自身も少しずつ変わっていきました。「応用をもっと解きたい」という生徒も出てきたので、現在は教科書の内容だけでなく、高校入試に実際に出された問題に挑戦させています。教科書の章末問題も残さずに課題に入れることができるので、一斉授業のときよりも1.5倍以上の量の問題を1時間の中でこなせるようになった感じがします。いつの間にか教材研究をするのがとてもおもしろく思えてきました。「明日は、導入をどうしようか？」と自分一人でなんとかしようとしなくても、生徒が自発的に学ぼうとするので大変不思議です。

学力にどういう変化があったのか、今の時点でわかることを記述したいと思います。この学年の入学時のＮＲＴは54.3でした。市内の平均は54.1なので、ほぼ市内平均と変わりがありませんでした。2年生になってのＮＲＴは52.6と数値を下げてしまっていました。市内の平均は、54.6となっており、開きが出てしまっていたのです。

2年生から、この学年を担当することになり、まず、市内の平均にこの1年で追いつくことを目標にしました。同時に『学び合い』をスタートしたので、正直、どういう結果になるのか不安でした。でも1年後、3年生のＮＲＴは53.6、市内の平均は53.9となり、ほんの少しですが、学力の向上が見られたのです。

実力テストの平均点も他の学校と比較してみました。市内トップと思われるある学校との比較です。1年生の3月に行った実力テストは、平均点で19点も差がついていました。2年生の2月に行った実力テストは、平均点が14点の差です。市内の学校の平均点が高く、長者中学校があまり伸びていないのではないかと思うこともよくありました。

3年生になってからの比較です。7月に行った実力テストでは、差が約13点。9月に行ったテストは、差が11点。10月に行ったテストでは、差が10.5点。少しずつですが、差が縮まってきていました。11月に行ったテストでは差が8点とようやく一桁の差になったのです。1年半の取り組みで、最大19点の差があったのが、8点差まで縮まってきていました。これから言えることは、「継続は力なり」ということです。この取り組みを継続したからこそ、生徒は予習する必要性を理解でき、私自身も課題の設定を深く考えられるようになったのだと思います。続ければ続けるほど、効果があると感じています。

一斉授業と『学び合い』の授業との違い

『学び合い』をしていると、そのときの学級の状況や課題がよく見えます。「男女に壁がある」「決まったグループでしか動けない」「孤立する生徒がいる」など、学級の中の人間関係が顕著に表れます。一斉授業では、黙って座っている時間が長いので、見えないことが多いです。

『学び合い』に出会うまでは、エンカウンターを用いて、男女の壁をなくそうとしたり、円滑な人間関係が築けるように場を設定してきました。しかし、『学び合い』で授業をしている学級では、その必要はないのです。「男女の壁をなくしたい」「多くの人とかかわってほしい」という願いを、毎時間の授業で教師が語ることができるからです。

『学び合い』は全員達成を目指すので、仲の良い人だけとのかかわりではほぼ達成することができません。全員達成を目指すから、孤立する人がいなくなります。数学の授業をしながら、お互いを思いやり、支え合う集団づくりもできるのです。正直なところ、私自身はこの「語り」が苦手で、いつも何を言おうか悩んでいます。

K先生は、いつも生徒の様子を的確に把握し、思いや願いを毎時間生徒に語っていて、生徒に大きな影響力を与えています。その裏で、各クラスのテストのデータを細かく分析したり、様々な本を読んで生徒に紹介するなど大変努力をされていました。K先生の姿を見て、私はまだまだ足りないといつも感じさせられます。もっと生徒に語れるようになるために、努力し、人間性を高めなければいけないと考えています。

『学び合い』に挑戦して1年半ですが、一斉授業でやるよりもはるかに学習効果が高いです。居眠りもないし、低学力の生徒にも誰かが毎時間かかわるので、全く何もしないで授業を終えることがありません。「全員参加を目指す授業」から、「全員達成を目指す授業」に変化しました。

一斉授業では、決して育てられなかった「自主性」や「思いやり」。『学び合い』で行う授業では、それらを同時に育むことができるのです。

管理職から見たカリキュラム・マネジメント

（『学び合い』を導入した前校長）

伊藤　有信

『学び合い』を始めるにあたって

学習指導要領においては、従来の「生きる力」を理念とし、基礎的・基本的な知識・技能や思考力・判断力・表現力等をバランスよく育成すること、主体的な学習態度を養うことなどを大きなねらいとしています。さらに、教育課程の枠組みについては、授業時数の増加や総合的な学習の時間の縮減など、必修教科を中心とした教育課程の編成などを特色としています。すなわち、生徒の学ぶ力の育成や確かな学力の向上が教育課程の最大のねらいでした。

本校では、そのことを具現化し、達成するために、「目標達成型の学校」を経営の核に置きました。

具体的に述べると、教職員も生徒も、学校が一丸となって目標を達成するための計画を立て、実践成果を検証・分析し、次の改善に反映させていく、R－PDCAサイクルを年4回取り入れ、全校を挙げて目標の達成を目指す学校づくりを進める、ということです。そのために、目標達成型の四学期制（四季制）と『学び合い』を取り入れた校内研修の充実を二大重点施策として取り組んでみました。

ここでは、主として校内研修について述べたいと思います。

校長として、「学校改革は授業改革から始まり、授業を変えない限り、学校は変わらない」ということを念頭に置き、学校目標に「聴き合い、学び合う中で、意欲的に学ぶ生徒」を掲げ、生徒のよりよい変容に軸足を置いた授業力の向上に取り組みました。

校内研修を推進していく上での理論的な基盤に置いたのが、『学び合い』の考え方です。それは、目標達成型の学校づくりと重ね合う部分があったということです。例えば、教員が生徒を一人も見捨てないという姿勢で、目標達成を目指すということ、また、生徒たちが課題解決に向けてみんなで支え合い、助け合って手立てなどを話し合い、目標達成をみんなで一緒に目指すということなどです。

さらには、校内研修や『学び合い』の進捗状況や実践結果を教員評価に取り入れるとともに、教員の最も重要なスキルとしてのよりよい授業づくりのための絶好の機会だという自覚を強くもってもらえるよう、年4回の人材育成評価と関連させた個人面談も取り入れてみました。その他には、校内研修を推進させていく際、校長、教頭の管理職、教務主任と研修主任の四人の連携を密にし、積極的に取り組む同僚を少しずつ増やしていくことを大切にしました。

教師も生徒も保護者も変わった

教員には、それぞれに経験やプライドなどがあり、なかなか『学び合い』のような今までの授業スタイルと違う指導法を受け入れにくいのが現状でした。そのことを変えていくためには、校内研修の進め方を一層工夫していく必要がありました。

主として、研修主任を中心とした研修部の活性化、各学年での授業視察などの校内研修、実践先進校や上越教育大での視察研修に取り組みました。また、教員同士が聴き合える環境をつくるために、研修部の機能的な組織づくりや管理職、教務主任、研修主任などと気軽に話し合えるような雰囲気づくりに努めました。

その結果、『学び合い』は生徒たちだけでなく、教員同士の人間関係の構築にもよい影響が見られてきました。特に、『学び合い』授業の充実が図られている学年や教科では、同僚性が高まり、よく言葉を交わすようになり、笑顔が見られ、集団としての高まりが見られるようになりました。

生徒には、4月のはじめての授業開きで、『学び合い』の授業についての説明をし、みんなで達成していくという強い気持ちを抱かせることが大事でした。その際、学校としての手引きや各教科の手引きなどを活用して、一時間の授業の流れや評価などを説明し、年間の見通しをもたせることも実践しました。

その結果、グループでの『学び合い』活動などにより、生徒同士の関係がよくなり、声の掛け合いや助け合うような場面が多く見られるようになりました。さらには、教えることが、仲間のためだけではなく、自分自身の理解を深めるためでもあることを実感している生徒が増えてきました。

教員と生徒の他には、保護者や地域の方々に『学び合い』の考え方や進め方を理解してもらう必要がありました。そのためには、理解を深めてもらう手立てを工夫する必要だったと記憶しています。

例えば、保護者や地域の方々には参観日、体育祭などの学校行事や地域学校連携協議会など、来校してもらえるような機会を捉えて掲示をしたり、説明をしたりすることも実施しました。また、学校環境を工夫したり、進捗状況を廊下に掲示したり、学校だよりを通じて手引きの配布も試みました。

その結果、取り組み状況に保護者の声が比例するようになりました。熱心に取り組んでいる学年や教科の教員が多い場合は、おおむね肯定的な励ましや後押しする声が多く見られましたが、従来の詰め込み的な授業を望む意見も見られました。熱心に取り組んでいる教員の努力で少しずつではありますが、公開授業日に参観を希望する人や関心をもつ地域の人たちも増え、応援してくれる言葉が増えてきました。

成果と課題

以上のことに取り組んできましたが、まだまだ、十分な成果を上げてはいませんでした。しかし、学年、教科や教員によっては、県でトップクラスの成績を上げるなど、大きな成果を上げている教員が見られるようになってきました。

特に、『学び合い』は、人間関係の構築にも大きな効果が見られ、生徒の学びへの意欲だけでなく、生徒間の積極的な話し合いなどにより、自然な声かけや仲間と達成感を味わえる関係づくりにつながっています。『学び合い』の授業が当たり前になっている学年の生徒たちには、生徒指導上の問題が少なく、正しいことを正しいと言える雰囲気が見られ、みんなで一緒に達成しようという意識が高く生徒間の人間関係もよくなっていました。

結びに、教員の、生徒は何があってもできるという強い気持ちが最も大切であると考えます。絶対に見捨てない、どんな生徒も可能性やよさをもっているという信念をもち続けることも問われてきます。生徒がみんなで課題を達成し、その喜びを仲間と分かち合えるようになるような集団が真の『学び合い』を構築していき、教員も生徒も保護者も地域の方々もよりよい『学び合い』をし、充実した人生につなげてほしいと願っています。

実践編

第4章　学校職員・生徒・保護者が感じたカリキュラム・マネジメント

カリキュラム・マネジメントの仲間が感じたカリキュラム・マネジメント

西川　純

次期学習指導要領では「社会に開かれた教育課程」を実現することを目指しています。そのために、現行学習指導要領で重視されていたＰＤＣＡサイクルの確立の他に、「各教科等の教育内容を相互の関係で捉え、学校の教育目標を踏まえた教科等横断的な視点で、その目標の達成に必要な教育の内容を組織的に配列していくこと」と「教育内容と、教育活動に必要な人的・物的資源等を、地域等の外部の資源も含めて活用しながら効果的に組み合わせること」の二つの側面が加わりました。

前者を実現するには、管理職及び教職員の間で、一貫した理論と実践が共有されていなければなりません。そのことは前章で示した通りです。もう一つの側面である「教育内容と、教育活動に必要な人的・物的資源等を、地域等の外部の資源も含めて活用しながら効果的に組み合わせること」を実現するには、管理職及び教職員のみならず、学校にかかわる様々な人の理解と協力が不可欠です。

日本全国には様々な研究主題を掲げている学校があると思います。そして、それを公開しています。さて、子どもたちに「君たちの学校はどんな授業をしているの？」と聞いて答えられるでしょうか。

学校には様々な職員がいます。事務局員や用務職員に「御校の学校はどのような授業研究をしているのでしょうか？」と聞いて答えられるでしょうか。

商売柄、学校研究会に呼ばれることがあります。大きな研究会では受付には保護者の方が立っています。受付をすると講師控え室に案内され、お茶をいただきます。そんなとき、接待をしていただいている保護者の方に「この学校の授業はどんなことをしているのですか？」と聞くことがあります。さて、皆さんの学校の保護者の方は答えられるでしょうか。

以上の方々が答えられないならば、「教育内容と、教育活動に必要な人的・物的資源等を、地域等の外部の資源も含めて活用しながら効果的に組み合わせること」を実現することはできません。学校にかかわる方々に学校の取り組みを理解してもらい、仲間になってもらうためにはちゃんと説明しなければなりません。そして、その変化を実感してもらわなければならないのです。

学校職員から見た学校の変化

稳やかな空気　（ＰＴＡ事務）

『学び合い』を始める前に比べ、男子も女子も仲良く活動に取り組む様子を多く目にするようになりました。体育祭や文化祭などの学校行事で見る生徒の姿は、とても活発だ、とは言えませんが、温かさが感じられます。特に、事務室では生徒とかかわることが多くはありません。しかし、朝の登校時、そして、部活動を終え、帰るときには、とてもさわやかに、そして笑顔であいさつを交わしてくれる生徒が多くなってきました。人間関係が穏やかな証拠だと感じています。

学習不適応の生徒減少　（養護教諭）

本格的に『学び合い』が学校全体で取り組まれる5年前、そして以前の勤務校と比較すると生徒は穏やかで、男女関係なく活動する場面が多々見られるようになってきました。

保健委員会の活動では、上級生が下級生に教え、生徒同士で活動を進めることができます。また、教師の助言により、よりアイデアあふれる活動ができています。

保健室に登校する生徒の中には、教科によって出たくない、ということを訴える生徒もいるのですが、本校ではそのような生徒がほとんどいません。教師が一方的に教えるような授業であれば、緊張感も増し、ときには不調を訴える生徒も出てきます。しかし、驚くほど学習不適応の生徒がいない、というのは『学び合い』の成果だと感じています。生徒同士の穏やかな関係があるのと同時に先生方と生徒の穏やかな関係も成立してきたのは『学び合い』の効果です。

校内が静か　（技能主事）

中学校は成長期。物があちらこちらで壊れたり、掲示物にいたずらがあったりするのが普通だと思っていました。本校に勤務してみてびっくり。もちろん、物が壊れることもありますが、本当に少ないです。校舎内で何か壊れている箇所があると、すぐに相談にきてくれる生徒が多いです。また、物を運んでいると「手伝いますよ」と声をかけてくれる生徒が多いのも嬉しいです。

スピーディーな動き（給食配膳員）

給食は安全に配膳され、後始末を最後まで清潔に行うことが大事なので、どうしても生徒に厳しく、そして、時間を意識しながら進めなければなりません。給食担当の先生もご苦労しながら進めることが多々あるかと思いますが、本校は違います。

給食時間になると、生徒たちが自分の役割をしっかりと自覚して準備を始めます。『学び合い』当初から比較すると劇的に給食委員の生徒の動きがスピーディーになりました。特に、今までは後始末に時間がかかることが多かったのですが、生徒同士が仕事を確認し合い、わからないことは率先して聞く、困っている人を見たら教えてあげる、これが時間短縮につながる生徒たちの姿です。

そして、本当に生徒の様子に驚かされることの多い日々です。給食の業務日誌に感動のあまり、そのことを記入したこともありました。もちろん、担当の先生のご指導も素晴らしいのですが、先生が出張等で不在の場合も、生徒たち同士で仕事の内容をチェックし、最後の見届けまでしっかりとやり遂げることができます。

特に、上級生が下級生に教える内容、教え方は大人よりも的確で仕事のコツをつかんでいるので、教えられる方もすぐに吸収することができます。また、委員の生徒の変更があった場合や新年度、新しく給食委員になった生徒たちは、進んで今まで経験した生徒たちに仕事内容を聞いて理解しようと努力します。

給食配膳の仕事を長年行ってきて、こんなにスムーズにできるようになったのは、先生方の日々の授業における『学び合い』の成果だと確信できます。

その他としては、男女関係なく仲が良く、和気藹々とした雰囲気が活動の随所で見られるようになっています。自分のできない仕事は人に任せるのではなく、一緒に手伝って、と言える生徒たちです。

生徒を信じて、仕事を見届けることには不安もありましたが、今では安心して見ることができます。

生徒の声

1年生

・限られた時間に課題をクリアする、ということで授業を進めています。一人も見捨てないように心がけています。

・最近一人でいる人が減ったように感じます。でも、わからない人同士がやっても成果が出ないので、そこの部分をなくしていけるように話し合いたいです。

・いつも同じ人たち同士で課題を達成して満足しているような気がします。早く課題が終わっても困っている人のところに行くのではなく、仲の良い友達の方へ行っておしゃべりが始まってしまい、全員の課題達成ができなくなっています。

・課題が難しいものも多いので、『学び合い』で取り組むことで、他の人の意見を聞いて課題を達成できることが多いです。

・社会科の課題は難しく、課題を達成するのがとてもハードです。途中で終わったりするとすっきりしません。しかし、達成できたときのすっきり感はいいです。
・クラス全体が理解し、テストでいい点数を取るためにやっていると思います。終わった人はわからない人を納得させ、理解させて、「自分だけがいい」のではなく、「みんなが課題を理解する」ものだと思います。自分が解説できるようにもっと『学び合い』に積極的に取り組みたいです。
・プリントに書いてある内容だけでなく、その他の詳しいところまで『学び合い』で考えることができます。みんなでやるメリットやデメリットも知ることができ、他の教科でもどうすればいいのかわかってきます。
・課題が少なかったり、ちょっと簡単だったりすると私語をしてしまい、授業のレベルが下がるような気がしました。
・課題のレベルを上げて、みんなで悩みながら課題を達成してみたくなりました。
・先生の呼びかけのおかげで作業や片付けの時間が早くなってきました。自分たちで時間を見て、授業開始時間とともにスタートし、自分たちで片付けや呼びかけができるようにしたいです。友達に教えながら協力して行うことで、作業がはかどり、スピーディーに行えます。これからも継続したいです。

2年生

・コミュニケーションをとりつつ、授業できるのでいいです。もっとコミュニケーションを取りながら人とのつながりを大事にして『学び合い』を進めたいです。また、授業ごとにはっきりとした課題があるので、それに向かって取り組むことができます。

・単元ごとにテストがあり、『学び合い』で確実に理解していなければならないので集中できます。わからないところがあればすぐに友達や先生に聞けるので学習しやすいです。

・『学び合い』をすることでより深く理解でき、問題に向かうときに、間違いが少なくなってきました。また、問題を解くパターンもいろいろあることがわかってきました。教科書を暗記することで語句をたくさん覚えられるようにもなりました。

・今まで課題を合格するのは後の方でした。けれども、それにはだめな行動がありました。それは自分から動かなかったことです。だから、これからは自分から動いたり、予習をして課題をクリアできるようにしたいです。

・自分が課題を終わったら、たくさんの人にできるだけ教えていくようにすれば、もっと自分の弱点も見つけることができると思います。なので、早めに動くためにも家庭学習を大事にしたいです。

・授業のときには課題を達成できますが、テストになると解けません。『学び合い』で楽しく覚えることができますが、次の時間になるとだいたいのことを忘れてしまいます。このことを改善していきたいです。
・これからの時代、人と積極的にかかわりをもたないと生きていけないといつも言われます。僕もそう思います。『学び合い』で一人も見捨てないことをやっていると自然に人と話ができるようになっていいです。
・最近難しい課題が増えてきて、ついていくのが大変なときがあるけれども、教えてくれる人がいるので、とても助かっています。
・技能教科でも先生が安全に安心して取り組むことを語ってくれるので、自分たちの作業もそのことを心がけて取り組むことができました。また、わからないところはわかる人に聞きに行って作業を進めることができたのでよかったです。
・作業をするとき、友達が教えてくれます。また、わからないことについては図を書いて説明してくれるので助かりました。
・課題の取り組みでは、わからない人に自分から積極的に教えることができました。わからないことを自分から聞きに行き、作業も早く進めることができました。

3年生

・英語係の授業の進め方のおかげで、毎回やる気がなくなることはありませんでした。

・1～2年生のときは、とにかく早さ。スピード、スピード、早く終わればよし！　みたいな感じでした。しかし、3年生になってからは質も大事にしていくようになりました。課題は学年が上がるごとに手抜きができない、一筋縄ではいかなくなってきて大変でした。でも、自分のプラスになっているなあ、と感じます。

・課題がいろいろな人とかかわるような内容なので、自分だけじゃなく、他の人のためにも家で予習をしてくる人が多くて、授業でたくさんの人がいろんな人のために頑張っていて『学び合い』でしかできない授業が好きです。

・はじめの頃は、わからなかったらすぐに人に聞くことが多かったのですが、今はまず、自分で考え、他の人と意見を共有するようになりました。クラスの人たちと話し合って自分の理解を深めることができる『学び合い』がいいです。

・先生の語りでだめだったところに気付いたり、受験への危機感が募ってきたりします。単元で課題が出されることで、計画を立てて進めることができます。たくさんの友達とかかわることができました。

・ワークは家でできるので、学校ではもっと人とかかわることができる課題がほしいと思います。
・国語の『学び合い』で作者の伝えたいことなどを、相手にわかりやすく説明することが難しいです。しかし、自分の考えていたこと以外の意見がたくさん出てくるのでとてもいいです。
・友達同士の説明にマンネリ化を感じたときに、解説のプリントが前に置いてあり、とても役に立ちました。
・四字熟語を学習するときは、『学び合い』が大変よかったです。覚えるのが大変でしたが、達成感がありました。
・ワークなどをやっていない友達をしつこく励ますことで、なんとか達成できました。自分も嬉しくなりました。

『学び合い』のおかげで質問と説明がうまくなった

（卒業生）

高校の授業はほとんどの科目が黒板の方を向いて、ただただ先生の話を聞き、板書しているだけなのであまり頭に入ってきません。中学校の頃に行っていた『学び合い』では自分たちで教え合っていたので、理解力が深まり、今までよりも積極的に授業に取り組むことができました。

教えられる側が理解するのと同時に、教える方も相手に教えながらその問題を復習することができます。

「一人も見捨てず」「全員が課題達成する」ということを意識して取り組むことによってクラスのチームワークが高まり、学力以外にも効果があったと思います。

私が『学び合い』があってよかったと思う教科は英語と数学でした。英語は中学に入ってから本格的に始まり、もし、一人で話を聞くだけの授業を受けていたら、きっとどこかでつまずいてしまい、入試でも高得点を取れなかったと思います。数学は応用問題などの難しい問題のときに、友達と一緒に解き方を考えて解くことができました。今になって本当に『学び合い』に助けられた中学校時代だったと思います。

『学び合い』は問題がわかる人は人に教えることで、自分の理解を深めることができます。わからない人は本ではなく、人に聞くことで詳しい知識を身に付けることもできるので、全員に利益のある唯一無二の勉強方法です。教える方は間違えないように、慎重に教えます。教えてもらう方は説明してくれる相手のためにも真剣に聞き、ほどよい緊張感があります。これが『学び合い』のよさです。

その緊張感の他にも、立ち歩くことで勉強することへの窮屈さを感じない、また、声に出すことで暗記しやすい、板書をノートに書き写すだけではなく自分たちで調べたり考えたりする、というようなことが授業の定着を向上させていたのだと思います。

さらに日常的な勉強の中に「一人も見捨てない」という共通意識があったため、協調性がとてもあったと思います。学年全体で「自分だけできればいい」を排除したことで、平均点の底上げも達成できたのだと思います。

身近に質問に答えてくれる人が多くいる環境は、小さな疑問も聞きやすくする最高の場だったと思います。それにより、勉強に確信がもてると、その後も自信をもって問題に取り組むことができます。自分のあやふやな疑問を人に伝えるために言葉にすることも疑問点を明確にし、自分の苦手を把握するために必要なことでした。また、疑問や違和を感じた問題は印象に残って忘れにくいということも『学び合い』ではじめて知りました。

高校に入ってからも、『学び合い』でついたよい習慣がメリットになります。人に質問することが、簡単にできます。恥じらいやためらいを感じることもないし、聞き方が上手になっています。逆に人から聞かれても順序立てて教えることができます。どう説明すれば相手が理解しやすいかがわかっているので、実際友達から「教え方がわかりやすい」と何度も言われました。

『学び合い』の効果は勉強だけではありません。真剣に向き合って他人のためになる行動をするほど、自分自身の力になります。社会でも通用するものを勉強というものを介して会得できるのが、今の私から見た『学び合い』の最大のよさだと考えます。

自分は中学校のときは『学び合い』が少し苦手で、一人で黙々とやっている方が楽でした。誰かに説明されても、その説明が難しく、友達が何を説明してくれているのかわからないこともたくさんありました。一生懸命に説明をしてくれる友達に申し訳ない気持ちがあったので、わかっていなくても、「わかった」と答えてしまうこともありました。

高校に進学して、びっくりしたことがあります。それは、朝から夕方までずっと人の話を聞き、黒板を写す作業だけでは記憶に残ることが少ない、ということです。最初、先生の話していることがわからないときに、後ろの人や隣の人に聞こうとしました。中学校では、全く注意されず、逆に、先生もわからないことはまわりの人に聞いてみよう、と言われることが多かったのです。

しかし、高校で同じような行動をしたら、すぐに先生に注意され、前を向いて話が聞けないのか、と言われました。なんとか今は慣れてきましたが、わからないことをすぐに解決できる環境にあった中学時代が懐かしく、もっと積極的に友達にわからないことをたくさん聞いておけばよかったなあ、と思います。

『学び合い』で学んだこと、そのメリットは後になってからわかる、というのがわかりました。

生徒のこれからを考えたときに『学び合い』は必ず役に立つ

金入　弘至（保護者）

これまで約5年間、私も授業参観等で『学び合い』の授業を見たり家で子どもたちから話を聞いてきました。現場の先生方とは観点や考え方が異なる部分もあるかと思いますが、今回は「保護者としての視点から見た『学び合い』」について書かせていただきます。

5年前は、正直なところ私自身も『学び合い』の趣旨や効果について十分に理解しておりませんでした。「先生が教えてくれない」「『学び合い』は教師の授業放棄だ！」と今でも批判的な意見をもつ保護者が私の周囲にもおりますが、当初は自分もこのような感じだったかもしれません。ただ、そうは言っても自分の子どもを預けている以上、ただ批判しているだけでは子どものためにならないので、自分なりに授業参観に行き実情を把握してみたいと思いました。

はじめて授業を見たときはカルチャーショックでした。学校の授業とは、「席を立たない」「静かにする」「先生の話をきちんと聞く」がこれまでの常識でしたが、私が見た授業は、席を立って、生徒同士が話をしながら学習し、先生はアドバイス程度でほとんど自ら話をしないという、これまでとは全く異なる授業スタイルです。そのときは、ただ斬新だなぁという感想しか思いつかなかったように記憶をしてます。授業スタイルにばかり目が行って、本当の趣旨や効果はあまり考えることができなかったのだと思います。

しかし、何度か授業を見ているうちに『学び合い』について自分なりの見方ができるようになりました。学校の経営方針に「生徒を一人も見捨てない集団づくり」という言葉があります。わからない生徒、「教えてもらう生徒」の成績向上を狙ったまさに『学び合い』で得られる効果の一つだと思いますが、私は逆に「教える生徒」への効果も大いに期待できると考えました。

自分がわかることをわからない人にわかるように教える、これは簡単なようで結構難しいことです。余談になりますが、あるとき、家で妻が娘に数学を教えていました。妻は理系で数学は得意だったらしいのですが、娘に対して「どこがわからないのかが、わからない」と少し怒りながら話していたことがあります。おそらく妻の教えた内容と娘のわからないレベルに乖離があったからだと思います。

教える側は相手のことも理解して教えないと、せっかく教えても思うような効果は得られません。学生時代は極端に言うと、人に教えなくとも自分が勉強すればそれでOKです。試験・受験・卒論などはその最たる例です。ただ、社会人になったとき、例えば入社したら新入社員研修、逆に入社して数年経てば新入社員の教育係、グループやチームの責任者になれば課員の指導等、職種や立場によって異なりますが必ずと言っていいほど教えられる立場と教える立場の両方を経験することになるでしょう。

このときに、『学び合い』の経験が生かされるのではないか？と感じました。どこがわからないのか、どのように教えればわかるのか、逆にどのように聞いたら教えてもらえるのか、このような点についての効果は大いに期待できるはずです。

『学び合い』に関しては、まだまだ課題もあると思います。『学び合い』の趣旨をしっかり生徒に教えて理解させないとただの「自由な時間」となってしまいます。これには学校・教員からの発信が重要になります。

『学び合い』を導入して間もない頃、娘から聞いたことがありますが、「私は『学び合い』に関して効果があるのかわからない」と生徒に対して『学び合い』に対する批判とまでは言わないまでも、ネガティブな発言をする教員がいたようです。もちろん今はそのような教員はいないと思いますし、前後の話の流れもあるでしょうから、その言葉だけを取り上げて批判的だと考えることも拙速だとは思います。しかし、生徒は教員の発言に敏感に反応しますし、家に帰れば親にもそのように話をします。すると当然、生徒のみならず保護者間でもその情報は共有されてしまいます。

せっかくの新たな取り組みが、意図しないところでストップしてしまうのはよいことではありませんし、それが努力によって軽減できることであるならなおさらです。逆に生徒・教員・保護者の三者がしっかり理解すれば、もっと質の高い『学び合い』が実践され効果は顕著になるはずです。

『学び合い』は、もちろん学年全体のテストの点数等では評価できますが、総合的にその効果を生徒の在籍中に評価することが難しいと思います。しかし、学力以外の部分でも効果はあるはずですし、生徒のこれからの人生を考えたときに必ず役に立つときが来るとも思いますので、これからも実践していかれることを希望します。

あとがき
―カリキュラム・マネジメントの今後の可能性―

石毛　清八（校長）

「新しい時代に求められる資質・能力」を育むために

平成27年12月に中央教育審議会から「チームとしての学校のあり方と今後の改善方策について」の答申がありました。「チームとしての学校」が求められる背景の第一の視点として、「新しい時代に求められる資質・能力を育む教育課程を実現するための体制の整備」の必要性が挙げられています。

新しい時代に求められる資質・能力は、教育課程企画特別部会「論点整理」で示された、①「何を知っているか、何ができるか（個別の知識・技能）」、②「知っていること・できることをどう使うか（思考力・判断力・表現力等）」、③「どのように社会・世界と関わり、よりよい人生を送るか（学びに向かう力・人間性等）」の三つです。

そして、これらの資質・能力の育成のために、深い学びの視点から学習過程を質的に改善することを目指しています。深い学びの視点は、学校における質の高い学びを実現し、子どもたちが学習内容を深く理解し、資質・能力を身に付け、生涯にわたってアクティブに学び続けるようにするためのもの。「学び」の本質として重要となる「主体的・対話的で深い学び」の実現を目指す授業改善の視点が、深い学びの視点です。

さらに、学校は「各教科等の教育内容を相互の関係で捉え、学校の教育目標を踏まえた教科等横断的な視点で、その目標の達成に必要な教育の内容を組織的に配列していくこと」「教育内容の質の向上に向けて、子どもたちの姿や地域の現状等に関する調査や各種データ等に基づき、教育課程を編成し、実施し、評価して改善を図る一連のＰＤＣＡサイクルを確立すること」「教育内容と、教育活動に必要な人的・物的資源等を、地域等の外部の資源も含めて活用しながら効果的に組み合わせること」をカリキュラム・マネジメントで実現することが求められました。

このことを実現するには、『学び合い』による授業改善はもとより、教師集団が『学び合い』をするカリキュラム・マネジメントを確立する必要があります。

本校は、平成24年度から4年間、深い学びを具現化した『学び合い』による授業づくりに取り組んできました。私たちが、『学び合い』の授業で目指すのは、「全員がわかる・できる」です。そのために教師も子どもも大切にしているのは、「一人も見捨てない」こと。学級の全員が、課題を達成することを目指して、子ども同士で聞き合い、教え合い、『学び合い』ながら学習を進めています。『学び合い』を通して、全員の学力向上を目指すとともに、どの子も学びの主体となり、子どもが主体的に学習を進める姿を目指しています。

平成25年度からは、教員の授業力向上のために全員が所属学年ごとに年1回以上の授業公開を行い、生徒に焦点を当てた話し合いの機会を設けてきました。その結果、NRT偏差値や全国・県学力状況調査等において数値に表れる学力の向上が見られるようになりました。これらの実践は、まさに、『学び合い』の視点による授業改善の成果といっていいでしょう。

今後も全教員が、「一人も見捨てない授業づくり」をより意識した教材研究を継続的に進め、質の高い授業を実践することで、子どもたちが学習内容を深く理解し、「新しい時代に求められる資質・能力」を身に付け、生涯にわたってアクティブに学び続けるように育てていきたいと考えています。

「主体的・対話的で深い学び」が大切

答申には、次代を拓く資質・能力の育成のために重要なのが、「主体的・対話的で深い学び」であると記されています。これまでも義務教育を中心に行われてきた言語活動や探究、観察・実験などの質を高めることが求められています。そのためには、保護者や地域の方々と「学校において育むべき資質・能力は何か」についての認識を共有・連携しつつ、管理職や教師が次の点を踏まえてその役割を果たすことが求められます。

『学び合い』のように深い学びの視点に立った授業改善は、「型」ではなく、各教科等の固有のものの見方、考え方を踏まえた深い学びのために必要だという認識を共有することです。「対話」を授業において形式的に取り入れればいいのではありません。教師が、目の前の子どもたちの状況をしっかり把握し、他人の知識や頭を活用して知の協働をしながら、新しい発想やアイデアを生み出していくという対話的な学びが大切なのです。この認識を共有することで、価値ある成果を生み出すことができます。学年、学期、単元といった見通しの中で、どのような学習活動を優先し、重視するのかを判断しながら授業をデザインすることが重要になっていると言えます。

保護者・地域の理解を得ること

しかしながら、保護者・地域の方々は、ほとんどが旧来の一斉画一型の授業を受けてきた世代であり、『学び合い』の理念や方法について、理解・共有していただくことは大変困難なことでした。学校評価には、毎回『学び合い』について、厳しい意見や批判が多く寄せられ、心が折れそうになることもありました。

よく『学び合い』は教師が「教えない」授業方法だと誤解されます。しかし実際には、教師は授業の中で、子どもたちにより深く学ばせるために様々な配慮をしています。子どもが学ぶ姿を観察しながら、子どもと子どもとのかかわりを促したり、教科書や資料を見るように伝えたり、活動を止めて課題を確認したり、ねらいに迫る発言や疑問を取り上げて他の子どもたちにも考えるように促したりします。いわば、「学びを深めるためのコーディネーター」の役割を担っているのです。当然、そこには深い教材研究と生徒理解が存在します。

平成26年度、これらのことを保護者や地域の方に理解していただくための一つの方策として、『学び合い』リーフレットを作成しました。内容は、①『学び合い』の理念、②『学び合い』の授業展開、③『学び合い』の成果、④『学び合い』にかかわるQ＆Aを掲載。特に、③の部分は、ＮＲＴ偏差値の学年推移や全国・県学力状況調査等の客観的な資料を載せることで、『学び合い』の有効性を理解していただくことを目指しました。

このリーフレットは、全校生徒の保護者、地域学校連携協議会（保護者・地域住民・関係団体代表、学識経験者等で構成）のメンバーや連携する小学校の先生方、本校を視察に訪れた外部の方々にも配布しました。『学び合い』について、その概要が一目でわかるようになっており、正しく理解していただく上で大変効果的でした。

「カリキュラム・マネジメント」が子どもの成長につながるかはチームワーク次第

保護者・地域との関係づくりは、一朝一夕にして成り立つものではありません。保護者・地域の信頼を得るには不断の努力が必要であり、また成果も顕著に表れるものでもないでしょう。小さな努力の積み重ねが、大きな信頼感の醸成につながるので、日常的な取り組みを欠かすことのないようにしたいと考えます。保護者・地域は子どもたちの姿を通じて学校の取り組みを知り、理解せざるを得ない状況なので、学校からの積極的な働きかけこそが、信頼関係構築の第一歩であることを念頭に取り組んでいきたいと思います。

本中学校区では子どもたちの健全育成を図るために、学校が地域住民らと連携し、登下校の見守りや巡視活動、地域・学校・家庭の交流事業を支援する「長者コミュニティPTA」が設置されています。この組織は、本校及び連携する二つの小学校のPTA、各町内会、公民館で構成されています。学校は地域の中核的施設です。地域と学校がパートナーとして相互連携することは本来あるべき姿であり、地域社会が教育の場としての機能を発揮できなければ、子どもたちの健全な成長は見込めません。

教職員・保護者をはじめ、専門スタッフや地域が参画する広範な「カリキュラム・マネジメント」が、子どもの豊かな学びと成長につながるかは、チームワーク次第。学校全体で意識改革を行い、立場の異なる人材をチームの一員として迎え入れ、同じ目標に向かって情報を共有し、連携を深められるかにかかっています。

学校においては、校長が明確にゴールのイメージ（経営ビジョン）を示し、個々の教職員の志、すなわち目指す方向、教職員が発揮すべきベクトルの向きをそろえられる環境をつくることが重要です。一人ひとりのメンバーのよさや可能性を見出し、期待をかけ、光を当てることで、主体的な努力が引き出されます。複雑化・多様化した学校課題を解決していくために、相互理解と信頼関係に基づく強固な「カリキュラム・マネジメント」を築いていきたいと考えています。

読書ガイド

西川の本が数多くなり、どこから読めばいいかを聞かれることが多くなりました。おおよそのガイドを書きます。大きく分けて「アクティブ・ラーニングとは何か?」「『学び合い』って何?」「とりあえず『学び合い』を試してみたい」「『学び合い』を基本としたい」「『学び合い』を深めたい」「特別支援の子どもでも『学び合い』はできるの?」「教師として成長するにはどうしたらいいのか?」「カリキュラム・マネジメントとは何か?」の8種類に分けて案内します。

『学び合い』は汎用性が高い考え方です。以下で紹介している本は様々な側面からそれを明らかにしています。読めば読むほど、新たな発見があると思います。

アクティブ・ラーニングとは何か?

深い学びを実現するアクティブ・ラーニングは単なる授業方法ではありません。そのことを理解するにはその背景となる社会の変化を理解しなければなりません。まず、受験制度の変化を知りたいならば、『アクティブ・ラーニング入門』（明治図書）、『２０２０年激変する大学受験！』（学陽書房）をお読みください。これを読めば、単なる話し合い活動ではトップ大学、トップ高校には合格できないことがわかると思います。

上記はトップ大学、トップ高校に進学しようとする日本の一割の人に関係する本です。しかし、九割はトップ大学、トップ高校に進学しようとしませんし、入学しません。そもそも日本の子どもの半数は大学に進学しません。

そのような子どもが一生涯幸せに生きるために何が必要かを知りたいならば、『サバイバル・アクティブ・ラーニング入門』（明治図書）、『親なら知っておきたい学歴の経済学』（学陽書房）をお読みください。お読みになると愕然とすると思います。既に「中卒より高卒、高卒より大卒。同じ高校、大学だったら偏差値の高い学校がいい」という単純なモデルは崩れています。そして、そのような社会で生き残るために学ぶのがアクティブ・ラーニングの本体であることがわかります。

それを実現するには日々の『学び合い』実践のみならず、キャリア教育を考え直す必要があります。そのために『アクティブ・ラーニングによるキャリア教育入門』（東洋館出版社）を用意しました。

『学び合い』って何？

深い学びを実現する選択肢の一つに『学び合い』が注目されています。そもそも、『学び合い』とはなんでしょうか？　それを知りたいのならば、『クラスが元気になる！『学び合い』スタートブック』（学陽書房）、『クラスと学校が幸せになる『学び合い』入門』（明治図書）、『すぐわかる！　できる！　アクティブ・ラーニング』（学陽書房）をご覧ください。そして、『学び合い』の可能性を実感してください。

とりあえず『学び合い』を試してみたい

『学び合い』は、シンプルな理論と徹底的に吟味・洗練された方法論があります。しかし、今までの授業と見た目が違うので戸惑うと思います（それが当たり前です）。大丈夫かなと不安になると思います。

そのような方は、まずは週に1時間、もしくは2週間に1時間だけお試しで実践してください。そのためには、『週イチでできる！　アクティブ・ラーニングの始め方』『学び合い』を成功させる教師の言葉かけ』（いずれも東洋館出版社）、『クラスがうまくいく！『学び合い』ステップアップ』（学陽書房）をご覧ください。

また、高校の方は『高校教師のためのアクティブ・ラーニング』（東洋館出版社）をご覧ください。

なお、教科別として、「すぐ実践できる！」シリーズを用意しました。既刊本として『アクティブ・ラーニング高校地歴公民』『アクティブ・ラーニング中学社会』『アクティブ・ラーニング高校数学』『アクティブ・ラーニング中学数学』『アクティブ・ラーニング中学理科』『アクティブ・ラーニング中学英語』があります。さらに、『アクティブ・ラーニング中学国語』『アクティブ・ラーニング高校英語』『アクティブ・ラーニング高校理科』（いずれも学陽書房）もあります。

その他に、『理科だからできる本当の「言語活動」』（東洋館出版社）、『アクティブ・ラーニングを実現する！『学び合い』道徳授業プラン』（明治図書）があります。

『学び合い』を基本としたい

週イチの実践を行い、ある程度、『学び合い』を理解し、『学び合い』をもっと実践するならば、『学び合い』の様々なテクニックの意味を理解する必要があります。私のところには日本全国の方が来られ、そのことを聞かれます。その会話を再現した本を用意しました。

『気になる子への言葉がけ入門』『子どもたちのことが奥の奥までわかる見取り入門』『子どもが夢中になる課題づくり入門』『子どもによる子どものためのICT活用入門』『アクティブ・ラーニング時代の教室ルールづくり入門』（いずれも明治図書）をご覧ください。

小学校の先生は成績にこだわりません。しかし、成績にこだわらないと『学び合い』の質は高まりません。それを理解するために、『簡単で確実に伸びる学力向上テクニック入門』（明治図書）を用意しました。

『学び合い』を深めたい

自分自身での『学び合い』が安定的に実践できるようになると、学校として取り組みたいと願います。そのためには合同『学び合い』がお勧めです。その方法は、『学校が元気になる！『学び合い』ジャンプアップ』（学陽書房）に書きました。

「『学び合い』はどうすればいいの？」を卒業すると、「なぜ、そのようにするのか？」という『学び合い』の理論に興味が移ります。それを理解するためには、『『学び合い』の手引き　ルーツ&考え方編』』『『学び合い』の手引き　アクティブな授業づくり改革編』（いずれも明治図書）を用意しました。

特別支援の子どもでも『学び合い』はできるの？

結論から言えば、『学び合い』は特別支援の子どもにもフィットします。しかし、本当は、『学び合い』をしなければなりません。それを理解するには特別支援の考え方を根本的に問い直すことが必要です。

そのためには、今後の日本の社会を理解してほしいと思います。『サバイバル・アクティブ・ラーニング入門』（明治図書）、『親なら知っておきたい学歴の経済学』（学陽書房）をお読みください。子どもが幸せになるには、その子を仲間と思う子ども集団を与えることしかありません。

実際の方法に関しては、『『学び合い』で「気になる子」のいるクラスがうまくいく！』（学陽書房）、『気になる子の指導に悩むあなたへ』（東洋館出版社）をご覧ください。

教師として成長するにはどうしたらいいのか？

社会でも職員室でも、「もっと頑張れ」「もっと集中せよ」と求めています。しかし、現実には限界ギリギリです。それ故、今0.5％の教師が心の病で休職し、その数十倍の教師が予備軍になっています。

教師のエネルギーも時間も有限です。使い方を考えなければなりません。そして、その中で成長し続ける必要があります。そのために採用1～3年の先生に向けて『新任1年目を生き抜く教師のサバイバル術、教えます』、それを読んだ若い方及び4年以上の方のために『なぜか仕事がうまくいく教師の7つのルール』（いずれも学陽書房）を用意しました。

例えば、教材研究を深めろと言われても毎日は無理です。それよりも声の出し方を改善することは即効性があり、効果は絶大です。どうでもいい書類に時間を取りすぎていませんか？

カリキュラム・マネジメントとは何か？

次期学習指導要領のキーコンセプトとして現れたカリキュラム・マネジメントとはなんでしょうか？　一言で言えば、教員集団の『学び合い』です。教員が主体的・協働的に学ぶことによって、学校の抱えた様々な課題を解決するのがカリキュラム・マネジメントです。これに関しては、『今すぐ出来る！　全校『学び合い』で実現するカリキュラム・マネジメント』『子どもを軸にしたカリキュラム・マネジメント　教科をつなぐ『学び合い』アクティブ・ラーニング』（いずれも明治図書）に書きました。

なお、西川に質問があれば、jun@iamjun.com にメールをください。誠意をもって返信します。また、上越に学びに来られるならば、歓迎します。旅費を出していただければ、我がゼミの学生が『学び合い』の飛び込み授業を行います。

[著者略歴]

西川 純（にしかわ・じゅん）

1959年、東京生まれ。1982年、筑波大学第二学群生物学類生物物理学専攻を卒業。1984年、筑波大学教育修士修了（教育学修士）。1985年、東京都高校教員。現在、上越教育大学教職大学院教授。2003年、博士（学校教育）（生物、地学／「巨視的時間の距離感形成に関する研究」）。

科学教育研究奨励賞（日本科学教育学会）、教育研究表彰（財団法人 教育研究連合会）、理科教育研究奨励賞（日本理科教育学会）、理科教育学会賞（日本理科教育学会）受賞。

主な著書に、『気になる子への言葉がけ入門』『クラスと学校が幸せになる『学び合い』入門』『子どもが夢中になる課題づくり入門』『アクティブ・ラーニング入門』（（明治図書）、『クラスが元気になる!『学び合い』スタートブック』『クラスがうまくいく!『学び合い』ステップアップ』『学校が元気になる!『学び合い』ジャンプアップ』『すぐわかる! できる! アクティブ・ラーニング』（学陽書房）、『気になる子の指導に悩むあなたへ一学び合う特別支援教育』『理科だからできる本当の「言語活動」』『『学び合い』を成功させる教師の言葉かけ』『高校教師のためのアクティブ・ラーニング』『アクティブ・ラーニングによるキャリア教育入門』『週イチでできる! アクティブ・ラーニングの始め方』『私は『学び合い』をこれで失敗し、これで乗り越えました。』（東洋館出版社）などがある。

http://www.iamjun.com/

[執筆]

青森県八戸市立長者中学校

石毛　清八：校長
三浦　勝利：教頭
細山美栄子
柏﨑　康司
中村　里美
後藤　武志
窪田　麻記
青山浩太郎
作山　勝浩

伊藤　有信：前校長
金入　弘至：保護者代表

『学び合い』で始める カリキュラム・マネジメント 学力向上編

2017（平成29）年3月20日　初版第1刷発行

編著者　西川 純
発行者　錦織圭之介
発行所　株式会社 東洋館出版社
〒113-0021 東京都文京区本駒込5-16-7
営業部　TEL 03-3823-9206／FAX 03-3823-9208
編集部　TEL 03-3823-9207／FAX 03-3823-9209
振替　00180-7-96823
URL http://www.toyokan.co.jp

装　幀　水戸部 功
印刷・製本　藤原印刷株式会社

ISBN978-4-491-03339-6 ／ Printed in Japan

西川純先生の大好評書籍

アクティブ・ラーニングによるキャリア教育入門

新しい時代、激変する社会を生き抜く大人にするために教師は何ができるのか。アクティブ・ラーニングによるキャリア教育とは何かを解説し、子どもたちの将来を考える教育・授業を提案。なんのために勉強するのか」「お金はどれだけ必要か?」「職業体験ではなく貢献体験を」など、すぐに試せる20の課題を掲載した、西川流キャリア教育入門!

四六判・本体1,700円+税

高校教師のための
アクティブ・ラーニング

高校教育が激変する
今だからこそチャンス!
そこには理想の
教師人生が待っている!!

これからの大学入試は、基礎・基本を求めるのではなく、アクティブ・ラーニングで育てられる能力をテストするようになります。本書では、激変する高校教育、アクティブ・ラーニングの方法論を紹介。アクティブ・ラーニングとは何か、どうすれば導入できるのか、それに伴い授業は、生徒は、先生はどう変わるのか――。また概論だけでなく、主要五教科(国語・数学・英語・理科・地歴公民)の実践例も掲載。

四六判・本体2,100円+税

『学び合い』を成功させる教師の言葉かけ

1人も見捨てない
クラスにするために
教師ができる
24のこと

『学び合い』をこれから始めようと思っている先生、既に始められている先生、ちょっと興味をもたれている先生にオススメの内容。西川先生の『学び合い』とは何かはもちろん、始めるにあたって教師がどんな言葉かけをすればいいのか、様々なケースに合わせて紹介。また、既に『学び合い』を実践して、その効果、感動の体験をされた先生方の手記も掲載。

四六判・本体1,800円+税

がんばる先生を応援します! 東洋館出版社 〒113-0021 東京都文京区本駒込5丁目16番7号 TEL: 03-3823-9206 FAX: 03-3823-9208 URL: http://www.toyokan.co.jp